Pe. José Fernandes de Oliveira, SCJ

DEPOIS DO MEU SILÊNCIO
Pe. Zezinho em 140 caracteres

EDITORA
AVE-MARIA

© 2013 by Editora Ave-Maria. All rights reserved.
Rua Martim Francisco, 636 – 01226-000 – São Paulo, SP – Brasil
Tel.: (11) 3823-1060 • Fax: (11) 3660-7959
Televendas: 0800 7730 456
editorial@avemaria.com.br • comercial@avemaria.com.br
www.avemaria.com.br

ISBN: 978-85-276-1475-7

Capa: Bruno Dias

1. ed. – 2013

Dados Internacionais de Catalogação na Publicação (CIP)
Angélica Ilacqua CRB-8/7057

Zezinho, Padre, 1941-
Depois do meu silêncio: Pe Zezinho em 140 caracteres / José Fernandes de Oliveira. – São Paulo: Editora Ave-Maria, 2013.
136 p.

ISBN: 978-85-276-1475-7

1. Religião   2. Catolicismo   3. Pensamentos   I. Título

13-0864   CDD 242.2

Índice para catálogo sistemático:
1. Religião - pensamentos   242.2

Diretor Geral: Marcos Antônio Mendes, CMF
Diretor Editorial: Luís Erlin Gomes Gordo, CMF
Gerente Editorial: Valdeci Toledo
Editora Assistente: Carol Rodrigues
Preparação e Revisão: Ligia Terezinha Pezzuto e Enymilia Guimarães
Projeto gráfico e diagramação: Ponto Inicial Estúdio Gráfico e Editorial
Produção Gráfica: Carlos Eduardo P. de Sousa
Impressão e acabamento: Gráfica Ave-Maria

CLARET
PUBLISHING GROUP

A Editora Ave-Maria faz parte do Grupo de Editores Claretianos (Claret Publishing Group).
Bangalore • Barcelona • Buenos Aires • Chennai • Macau • Madri • Manila • São Paulo

SUMÁRIO

Prefácio 5
1. Habitue-se a pensar 7
2. Habitue-se a rezar 39
3. Habitue-se a dialogar 65
4. Habitue-se a analisar os fatos 75
5. Cultive suas flores 113
6. Questione e aceite ser questionado 123
Conclusão 133

PREFÁCIO

Sou escritor. De forma modesta, me defino como um pensador; conheço milhares que assim se definem. Somos pessoas que todos os dias dedicam alguns minutos para pensar sobre a existência e a vida humana. Muitos de nós silenciam e depois escrevem, a palavra escrita, nossa fiel confessora.

Dois minutos equivalem a dez ou quinze linhas de escrita. Penso que, se todos os cidadãos dedicassem dez momentos de seu dia para pensar, preencheriam no mínimo dez páginas de um caderno por dia. Teriam o que dizer e diriam coisas preciosas, daquelas que podem até mudar uma vida.

Entrego a meus leitores um pouco daquilo que penso todos os dias. Pensamos sobre o cotidiano de um povo. Sou sacerdote católico, e um dos chamados do sacerdócio é levar o povo a pensar. Ame e pense comigo, como Jesus pensou e pensaria!

Pe. Zezinho, scj
(José Fernandes de Olivera)

HABITUE-SE A PENSAR

Pensar por dois minutos é mais urgente do que imaginamos. Quem não se dedica a pensar dificilmente progride como pessoa.

O homem não pode brincar de Deus e sair impune dessa brincadeira.

Fé supõe perspectiva. Por isso, Paulo sonhava em converter ao menos alguns. E considerava-se o último dos apóstolos. Não buscou a eminência.

Quando Jesus disse aos discípulos que, se fizessem o bem, nem mesmo a mão esquerda deveria saber da caridade da mão direita, estava propondo uma das virtudes mais difíceis de viver. Ser bom e fugir do *marketing* é para almas amadurecidas. Em geral, gostamos de aplausos e elogios. Mas aí nossa bondade perde a aura.

———◦◦◦———

Na boca de um cristão jamais deveria estar o azedume covarde da calúnia, da crítica, da fofoca ou da detração. Se estiver, é porque perdeu a referência e a deferência!

———◦◦◦———

A Igreja deve um discurso antigo e novo aos jovens de hoje. Alguém tem de dizer a eles que amar é lindo, que sexo é humano e divino e que algumas coisas são proibidas exatamente porque as pessoas que se amam são pessoas, e não coisas.

———◦◦◦———

Não é Deus que manda felicidade ou infelicidade. Ele oferece a oportunidade. Nós escolhemos. Muita gente escolhe ser infeliz porque optou excessivamente por si mesmo.

———◦◦◦———

O ofício de comunicar Deus é ofício e vocação exigente; coisa de aprendizado permanente. Quem souber mais ensine e quem souber menos aprenda.

———◦◦◦———

O grande risco da comunicação religiosa hoje são o amadorismo e o improviso. Por isso, eu insisto na cultura da leitura e em escolas de Pastoral da Comunicação.

De vez em quando encontro jovens que se magoam com minhas observações de padre com 45 anos de comunicação. É meu dever falar e também ouvir.

Muitos dos meus 85 livros nasceram depois que ouvi meus críticos. Deus os abençoe.

Para quem não crê, a filosofia propõe a ética. Para quem crê, a teologia propõe a moral pessoal e cívica inspirada em Deus.

Questionar fé ou ateísmo é coisa de pessoas sensatas e inteligentes. Os dois lados crescem quando há respeito.

Estava certo Jesus Cristo quando disse que a verdade libertaria. Se o mundo hoje é cada dia menos livre, é porque tem se tornado cada dia mais mentiroso. Já prestou atenção nas campanhas políticas e no comportamento dos religiosos imediatistas? Fazem qualquer coisa por mais um voto ou por mais um devoto!

Nunca saberemos toda a verdade sobre o Universo nem sobre nós mesmos. Não aqui na Terra!

Para mim, o verdadeiro amigo é quem a seu modo pede licença, sem falar, cada vez que vem ocupar o lugar que lhe pertence. E o maior exemplo é Deus.

A pena de morte é injusta. Não educa o culpado nem evita que se cometam os mesmos erros. Se uma sociedade que se diz cristã não tem outra resposta além da morte para quem foi longe demais, então fracassou. Não civiliza nem é civilizada. Justiça, sim, e sempre. Misericórdia também.

O sentimento de um povo pode mudar de uma hora para outra! Ovacionaram Jesus no começo da semana e, na noite de quinta-feira, pediram sua morte! Depende dos *marketeiros* da hora!

O cérebro e o coração do fanático religioso ou político costumam encolher. Para compensar a perda de conteúdo, eles gritam mais alto e fazem mais barulho. De tanto achar que acharam, acabam não se achando.

Quem vira a cara para o outro lado porque foi questionado está brincando de pequeno Deus. Ainda não entendeu o que é pregar o Evangelho. Todo pregador do Evangelho já foi, é ou será questionado. Para isso é que o diálogo foi inventado!

Pode-se rezar errado, como no caso daquela prostituta que rezava para que seu santo predileto lhe enviasse mais fregueses, a fim de que ela pudesse pagar uma dívida que contraíra. Pedir a Deus que envie mais fregueses para o pecado é, no mínimo, uma oração totalmente despropositada.

A cruz de antigamente eram duas vigas de madeira: uma vertical e outra horizontal. Mas, antes de Jesus ser pregado numa delas, passou por outras cruzes: a da perseguição sem tréguas, a da calúnia e das torturas.

Hoje as cruzes da calúnia, da miséria e da fome, do desemprego, da vingança, do medo, da droga e da insegurança sacrificam milhões de pessoas.

Quando a Igreja canoniza alguém, ela considera esta dimensão: era mais dos outros do que de si mesmo.

Admiro a canção de louvor, porque celebra o essencial da fé, mas insisto muito na canção solidária, como insisto na oração de intercessão. Uma leva à outra. Valho-me de Mt 5,23. Há o mais importante e o mais urgente. Eu canto o mais urgente! Faço catequese social.

O *marketing* da fé às vezes é intencionalmente mentiroso quanto a números, fatos e revelações. Deus quer mesmo aquele templo por aquele preço? Deus quer ouro? Deus está dizendo que deseja uma torre de televisão?

Existe uma forma de religião que se pretende escolhida, iluminada, espiritual e santa, mas é imediatista, cheia de *aqui-agora-já* e materialista. É a que já tem tudo pronto e não dialoga com absolutamente ninguém. Já chega como o herdeiro do trono que só deve diálogo a Deus. De tão santa é desumana, porque não é humilde.

Junte tudo o que religiões, profetas, pensadores e videntes já revelaram sobre Deus e isso ainda não é tudo. Ele é melhor, maior, mais infinito e mais perfeito ainda! Nossa mente é pequena demais até para imaginar como Deus é. Ele é mais!

Creio na Igreja que educa para a convivência, para o diálogo e para a paz. Nossa Igreja mais permite do que proíbe, mas não me conformaria com uma Igreja que jamais proíbe só para encher seus templos.

Um cafeeiro não faz um cafezal nem um bambuzeiro faz um bambuzal. Um grupo de igreja isolado ainda não é a Igreja.

Falta-nos esta catequese progressiva de quem deixa de ser criança e cresce em idade e sabedoria diante de Deus e dos homens...

O bonito de nossa Igreja são as memórias do nascimento, da vida e da morte de Jesus. Jesus não nasce mais nem morrerá de novo.

"No peito eu levo uma cruz, no meu coração o que disse Jesus." Na mente eu levo uma história da *kênosis* de Deus.

Preguemos uma catequese que amadurece. Que todos os adultos deixem de ser crianças na fé. Voltemos ao Natal, mas não nos infantilizemos.

Acho bonito uma igreja dizer que o templo por ela erguido é de Deus e que Deus mora ali. É claro que mora. Mora também fora daquela casa. Quem ergue templos é o ser humano e quem vai lá é o ser humano. Mas Deus pode ser encontrado em qualquer lugar. O templo é apenas um espaço para reflexão e convivência dos que buscam Deus em toda parte.

Não é verdade que tanto faz ir ou não ir ao templo. Seria o mesmo que dizer que tanto faz ir ou não ir à casa dos pais e dos irmãos, ao hospital ou à clínica. Fora de nosso conforto ou de nosso fechamento, alguém pode nos ajudar melhor do que em nossa casa e em nosso sofá.

Filosofemos. Tempo é limite. Cremos que Deus é um só, mas são três pessoas divinas inseparáveis e fez *kênosis*, para nos ensinar a subir do abismo do humano, porque, pelos próprios recursos, não tínhamos como sair das trevas e da prisão das minas que cavamos.

Faz mais de 30 anos que não oro ao Menino Jesus. É que Ele existiu, mas agora não existe. Quem existe é o Filho de Deus que foi menino e cresceu... Agora eu falo a Jesus Cristo que um dia foi menino... Então eu digo na minha prece: "Ó Jesus, que um dia foste criança". Do meu jeito adulto, entendo que o Natal é mais das crianças do que meu. Mas está longe de ser uma festa infantil!

———❦———

Respeitamos os ateus ou agnósticos, mas, para nós, o libertador Jesus é mais do que um profeta excepcional. Ele é Deus, e Deus tem mais poder do que imaginamos ou admitimos. Tem até o poder se tornar humano por um tempo...

———❦———

Nunca vi Jesus nem tenho ideia de como era seu rosto, mas creio nele por seu conteúdo; o que me encanta nele é sua *substantividade*.

———❦———

Liguei para um amigo ateu de cinquenta anos e lhe desejei feliz Natal, mesmo ele não crendo que Jesus é Deus. Ele aceitou os votos e disse que vibrava comigo por minha esperança.

———❦———

Preocupa-me o perigo de falarmos de Jesus com frases feitas e decoradas que aprendemos no último encontro de orações. Agimos como o sujeito que, como bebeu algumas taças de vinho francês, fala como entendedor de vinhos. Proponho a quem me lê que Jesus seja pensado antes de ser anunciado. Testemunhar é mais do que falar com entusiasmo!

Engana-se quem acha que não precisa provar o que sente! Precisa! Jesus provou! Se existe alguém que não precisaria provar o que afirmava, esse alguém era Ele. Mas raciocinou e ensinou a raciocinar. Jesus explicava! (Mt 22,29; Lc 24,32)

Algumas pregações que ouço e vejo carecem de reflexão prévia. Tenho sugerido a quem me ouve que pense antes de anunciar. Meditemos. Primeiro meditemos e só depois anunciemos. Jesus é para ser lido e refletido. Só assim será bem seguido. Ninguém ama o que não conhece.

Sem o respeito pelo grande Outro e por todos os outros que ele criou não há Natal. O Outro se tornou um de nós.

Enquanto Deus não vem de novo e não se manifesta visivelmente, nós criamos presépios e enchemos o mundo de luzes coloridas. É bom imaginar.

Pregar doutrina social hoje é pregar martírio. Os ditadores não matam quem apenas reza e canta para Deus. Matam quem prega justiça e paz.

Na pregação de Jesus, o milagre veio junto, mas não foi o objetivo número 1. A palavra que dá conteúdo e sentido a uma vida já é um milagre.

Digo que parte substancial da espiritualidade cristã passa pelo nosso sim e pelo nosso não ao dinheiro.

Palavra final por hoje: sei quase nada sobre Deus, mas o pouco que já sei não pode ficar só na minha mente.

Não espero perfeição do Papa, nem dos bispos, nem de ninguém nas Igrejas, nem dos reverendos católicos ou evangélicos; chame-os padres ou pastores. Igrejas não são frequentadas por anjos.

Se os não crentes podem fazer pressão, usando a democracia para impor seus costumes, também nós, crentes, que somos maioria, sem arranhar a democracia podemos fazer pressão para proteger os costumes cristãos. Não é para isso que existem eleições e voto?

A maioria dos crentes lê a Bíblia mais com os ouvidos do que com os olhos. Vale a explicação do pregador e não o que está lendo. Se o pregador estudou, isso é bom. Mas, se é daqueles que afirmam que Deus lhes fala todas as noites, é um desastre.

Deus não muda, mas os pregadores mudam. Muita coisa que ontem era tida como pecado deixou de ser, depois de algumas pregações do novo pregador. A bisavó jamais usaria esse cabelo, essas pinturas e essas saias da bisneta. Mudou o pregador, mudou a moda e mudou também o conceito de pecado!

Muitos templos mudam com os tempos, para melhor e para pior. Depende de quem fala naquele púlpito.

Pregador religioso que tem mais respostas do que perguntas ou não anda lendo e meditando ou não anda rezando direito. É muito mais o que não sabemos do que o que sabemos a respeito do céu. Excesso de certeza não é convicção: é presunção.

Não é por que um padre disse que se deve comungar de joelhos e o outro diz que se pode comungar Maria na hóstia, que você vai aceitar isso como verdade. Além do padre de televisão, há os padres que se especializaram em Teologia. Questione-os. Ser conhecido não é o mesmo que ser culto.

Pregue a palavra de Deus como está na Bíblia e nos documentos da Igreja. Prove por A + B o que diz. Se o mandarem embora daquele púlpito, vá embora. Aqueles irmãos serão responsáveis por seu silêncio na Igreja.

Eu acreditaria mais na missão e no poder dos que expulsam demônios via satélite e diante das câmeras se de vez em quando eles não conseguissem. Milagres e exorcismos com hora marcada que sempre exaltam o pregador têm cheiro de charlatanismo. Nem os apóstolos conseguiam sempre! Creio na Igreja que mais permite do que proíbe, mas não me conformaria com uma Igreja que jamais proíbe só para encher seus templos.

Sejam abençoados e abençoadores, perdoados e perdoadores, iluminados e iluminadores. Falem com Deus.

Siga Jesus. Não acredite nos que oferecem endereço e hora para o milagre e para o exorcismo. Demônio que só se manifesta diante das câmeras, ao comando do apresentador e com hora marcada é suspeito. Nem todo demônio de televisão é demônio de verdade.

É bonito ver uma pessoa dando testemunho em favor da igreja onde conheceu Jesus e onde se converteu. É para isso que existem os grupos religiosos. É triste e feio quando essa mesma pessoa faz pouco caso das outras igrejas e dos outros grupos de fé, onde milhares também se converteram. Mostra que não se converte de verdade! Fala uma coisa e faz outra.

Nas discussões sobre religião, não provoque, mas não se deixe encurralar quando for provocado. Fale calmamente e exija do provocador os mesmos minutos que usou para falar. Se ele o interromper, vá embora. Ele não é sério.

———◦◦◦———

O mesmo Deus que mandou fazer dois querubins de ouro e outras imagens aprovou a destruição do bezerro de ouro. Moisés quebrou as tábuas da lei. Era como se hoje um pastor ou um padre rasgassem uma Bíblia de maneira dramática para seu povo entender o que é adoração e o que é idolatria. Moisés fez isso.

———◦◦◦———

A Bíblia é como uma imagem de papel. É um sinal repleto de letras, à espera de serem lidas e entendidas. Um bêbado pode abraçar e não entender a placa que aponta para São Paulo. Alguém lúcido lê e segue adiante. Quem ignora uma placa faz o mesmo que aquele que se agarra a ela. Quem a usa para ir à direção que ela aponta entendeu. O livro santo e as imagens são como essas placas. Pode-se usar facilmente uma imagem ou uma Bíblia de forma errada. Os fanáticos fazem exatamente isso!

———◦◦◦———

Houve um tempo em que, na frente do Santuário de São Judas, muitos adversários de santos entregavam folhetos contra as imagens e os santos católicos. Por umas semanas andei carregando no bolso umas dez passagens da Bíblia, onde se lia que Deus permitiu e mandou fazer imagens, e umas quinze, onde proibia. Eles me davam seu folheto e eu lhes dava o meu. A primeira página do folheto dizia:

1- Deus permite e proíbe imagens. Leia e pense!
2- Quem combate os santos que amavam Jesus combate o próprio Jesus que os fez santos!
3- Se nós que somos pecadores podemos rezar uns pelos outros, os santos do céu também podem.
4- Não troque sua Igreja que respeita os santos por uma que os combate.

Em tempo de milhões de pregadores, convém checar sua honestidade e veracidade. Jesus avisou que haveria muita gente falando dele, e a maioria seria gente desqualificada. Disse: "Não lhes deem crédito!".

A maioria das pessoas acha que é difícil entender que Deus é um só, mas é Trindade. É por isso que esse mistério desafia primeiro a nós cristãos, depois a todos os crentes.

Deus é quem é e nós somos quem somos. Nunca houve nem haverá outro Deus. Nunca houve nem haverá alguém exatamente como nós. Deus é único; nós também.

Deus não é uma coisa infinita, Ele não é coisa. É pessoa. Mas não é pessoa humana. Nunca teremos um conceito correto de Deus sem um conceito correto de ser e de pessoa.

Quem desenha o rosto de Deus mostra que não sabe quem é Deus. Ele não tem rosto. "Mostra-nos a tua face..." dizia o salmista. E dizia isso exatamente porque ninguém tinha ideia de como Deus é.

Há pregadores da vitória, do sucesso e da ressurreição que esquecem a outra parte da fé: a derrota e a cruz. Jesus não disse: "Toma a tua Bíblia e siga-me". Disse: "Toma a tua cruz".

Para crer em Deus, não é preciso vê-lo ou tocá-lo. Basta entender os seus sinais.

Nunca vi o engenheiro que fez a via Dutra, mas ando por ela.

Deus é invisível, mas não é inacessível. O ar que respiramos também não é visível, mas é possível senti-lo e respirá-lo.

Jesus foi diferente de todos os que falaram de Deus. Não disse que sabia o caminho, disse que Ele próprio era este caminho...

Presto muita atenção nas pessoas que falam de Deus. Na maioria das vezes estão falando mais de si mesmas e do seu jeito de crer em Deus, do que falando de Deus.

Bilhões de seres humanos confundem os sinais que Deus envia com o Deus que envia sinais. É como confundir a placa com a cidade que ela anuncia.

Quem ama quer saber mais e ficar mais perto. Quem ama seu Criador quer chegar a Ele e saber mais sobre Ele.

O primeiro sinal de que estamos chegando perto do conceito correto de Deus é a humildade de querer saber mais sobre Ele.

Somos uma igreja muito mais universal do que se imagina. Jesus Cristo é a nossa referência. Quanto mais perto estamos de Cristo, mais o reverenciamos. Os sinais que usamos devem expressar uma só coisa: apontam para alguém que nos converte.

Quem nega a existência de um depois desta vida faz como o sujeito que duvida que depois da montanha que ele vê há muito mais montanhas que ele não vê. Depois do túnel, as estradas em geral continuam até mais bonitas. Nunca vi uma estrada que terminasse no túnel. Ou não era estrada, ou não era túnel. Estradas levam para onde há vida, e túneis ajudam a ir. A morte é o túnel final da reta de chegada.

Aumento de paz e felicidade, sim. Aumento de riquezas, não! Isso Jesus não prometeu!

Eu não sei suficiente grego ou aramaico para apostar que o que foi dito foi exatamente o mesmo que o profeta ou Cristo disse. Por isso, preciso confiar nos tradutores e crer que o essencial chegou até nós. Se não ficar claro, tenho todo o direito de questionar, desde que faça isso com respeito fraterno e sem petulância. Jesus mandou questionar (Mt 24,21-28). Paulo mandou questionar (2Tm 4,1-5). Pedro quis saber (Jo 13,24). Questionar é uma forma de amar. Jesus aceitou ser questionado. Nós devemos aceitar também.

Quem se acha mais filho de Deus do que os outros depois de um tempo verá seus descendentes tentando matar os descendentes dos outros porque cresceram tendo certeza de que quem não fala com Deus do mesmo jeito que eles merece ser derrotado.

Tenha isto em mente: Bíblia é livro, não é porrete. Usá-la para atacar os outros é transformá-la em arma de agressão. Use a sua Bíblia para dialogar sobre a versão da sua Igreja e a versão da Igreja dos outros. Se esse livro não promover diálogo e fraternidade, vira porrete. Se virar porrete, transforma o pregador em provocador. Diálogo é bom. Com diálogo, tudo é mais sereno. Não há outro caminho para o céu senão o diálogo com Deus, consigo mesmo e com os outros. O amor consiste nisso!

Foi cômico, mas valeu. O fanático apontou para a cruz no meu peito e me perguntou se eu sabia o que estava fazendo com aquele ídolo. Apontei para a Bíblia dele e lhe perguntei se ele sabia o que estava fazendo com um livro tão santo debaixo das axilas. Aquilo não era lugar para um livro tão santo! Eu cultivava no peito, em forma de cruz, a memória da morte de Cristo por mim e ele carregava essa memória escrita no sovaco. E daí? Sentiu-se desrespeitado. E eu lhe disse – Você começou a me desrespeitar quando, em troca de nada, me acusou de idólatra só porque viu uma cruz no meu peito. Nós dois somos cristãos e está na hora de aprendermos a ser irmãos. Acho bonito ver quem traz a Bíblia debaixo do braço. Espero que ele também ache bonito ver que eu cultivo a memória do imenso amor de Cristo por nós.

Já vimos que acusar uma pessoa de idólatra só porque tem imagem é o mesmo que acusar de assassino quem tem facas na cozinha ou de incendiário quem tem fósforos no bolso ou isqueiro. É o mesmo que acusar de bêbado quem tem vinho em casa! Você faria isso sem medo de pecar contra ele? Nada disso é proibido para quem sabe usar. Além de injustiça, é calúnia. E calúnia, sim, leva para o inferno.

Os que insistem em pregar só o trecho da Bíblia que lhes interessa não são pregadores da Bíblia e sim pregadores de trechinhos da Bíblia. Quem só quer os trechinhos que lhe servem e agradam fique com esses pregadores!

Quem sabe de cor os trechos que diminuem os outros grupos religiosos, mas não conhece nem admite os que poderiam condenar o seu grupo, é crente de trechinhos e não crente da verdade. Nenhuma Igreja é tão perfeita que possa aplicar a si mesma só os aplausos da Bíblia e aos outros só as condenações.

Quando alguém com dois ou três anos de Bíblia me provoca, tentando mostrar que sabe mais a Bíblia do que eu, deixo que ele fale bastante.

Afinal, venho lendo a Bíblia há 50 anos. Depois faço algumas perguntinhas incômodas. Começo a comparar suas respostas com passagens da Bíblia que dizem outra coisa e de outro jeito. A conversa nunca chega ao fim. Ou ficam zangados ou mudam de assunto. Então por que provocaram?

Milhares de cristãos andam dialogando juntos sobre a Bíblia, e o resultado tem sido muito bom. Mas os que vêm brandindo sua Bíblia contra os outros precisam saber que muita gente também leu aquele livro!

Um amigo meu disse recentemente: "Não quero ver estrelas. Quero ver a única estrela que merece este nome". Estava falando de Deus. Respondi que eu quero ver todas as estrelas que puder ver enquanto não é possível saber exatamente como tudo começou. Estas estrelas, eu posso ver. Quem lhes deu origem não é visível. Por isso, interesso-me pelo que Deus fez. Sou como Moisés. Estou vendo o outro lado de Deus, mas a sua face eu sei que não verei neste mundo (Ex 33,23).

Ter um livro e lê-lo são duas coisas diferentes. É como ter um carro e não saber dirigi-lo, ter um avião e não saber pilotá-lo, ter um mapa e não saber usá-lo. Um dos livros mais lidos no mundo é a Bíblia. É certamente um dos mais citados. Infelizmente, também, é um dos mais deturpados.

Todo aquele que diz "Deus me ama" deveria acrescentar "e ama também os outros" para nunca esquecer que não é superior aos outros. O discurso de muitos convertidos dá a entender que são mais amados do que os outros. Implicitamente afirmam que Deus ama menos os que ainda não entraram para a Igreja deles. Isso não é teologia. É presunção.

Senhoras e senhores, irmãos e irmãs, crianças e jovens, pais e mães, tios e avós, homens cultos e letrados, gente simples e tranquila, tenho algo a lhes dizer: – Deus existe. Não sei como Ele é, mas Ele existe. Nunca o vi, mas Ele existe. Vocês também nunca viram o vento, mas o vento existe.

Crer não é ter provas. Crer nem sempre é ter certeza. Crer é admitir e aceitar mesmo sem constatar.

A palavra Cristo vem do grego *Xpistos*: Ungido. Em hebraico era *Mashiach*: Messias. Poderíamos chamar Jesus de: Jesus, o Ungido; Jesus, o Cristo; Jesus, o Messias. As três expressões significam a mesma coisa: Deus ungiu Jesus. Ungir entre os judeus significava dar missão especial a alguém.

Não importa se a luz que emitimos é pequena. É útil! Mesmo que não seja forte, a luz indica a direção certa a mil metros de distância.

Imagine um país que exigisse que seus cidadãos tomassem banho ao menos uma vez por ano! A Igreja pedia dos católicos o mínimo de uma confissão por ano. Hoje pede mais. Católicos comprometidos sabem que de vez em quando precisam abrir o coração e admitirem-se pecadores.

A primeira vez que alguém chamou os seguidores de Cristo de "cristãos" foi em Antioquia. O apelido foi-lhes dado porque seguiam Jesus e o consideravam o Cristo. Traduzido ao pé da letra, o nome "cristão" soaria hoje como um neologismo "ungidivos" ou "ungidinos". Eles assumiram o apelido.

Na Igreja não podem existir os "reis da cocada". Paulo lembra: se eles se achavam apóstolos, deviam ser mais "após" e menos "tolos".

A mensagem de Jesus está estreitamente ligada ao pão. Nasceu em Belém (*Bet Lehem*), que significa "casa do pão". Pelo menos duas vezes fez o milagre da multiplicação dos pães para quem tinha fome. Disse com clareza que Ele era o pão vivo descido do céu. Na última ceia disse que o gesto de repartir o pão seria memória de sua presença na Igreja. Deixou a eucaristia, partilha do pão e da palavra, como sinal de seu novo grupo e do Reino de Deus. Foi reconhecido pelos discípulos de Emaús ao partir o pão. A Igreja Católica tem o pão repartido como um dos seus sinais mais característicos.

Madalena tornou-se injustamente a mulher mais caluniada nas igrejas. Frequentemente padres e pastores se referem a ela como pecadora pública ou prostituta convertida. Pobre Madalena! Tudo o que o Evangelho diz é que Jesus tirou dela sete demônios. Sofrida e atormentada, sim! Pecadora e prostituta, não há provas...

Ninguém está acima do sacramento da penitência; nem o Papa, nem os bispos, nem o padre.

———○○○———

Muita gente abandonou a confissão por culpa de algum sacerdote que não soube acolher um coração à procura de perdão e paz. Padres erram e devem se penitenciar também.

———○○○———

Talvez estejamos numa nova era de questionamento da Palavra. Vastos segmentos da população deixaram de crer nos profissionais da Palavra.

———○○○———

Se você não estiver arrependido, tudo o que o padre fizer não vai valer. A confissão passa pelo padre, mas depende do arrependimento que temos perante Deus.

———○○○———

Alguns católicos andam sugerindo que é possível comungar Maria na mesa da comunhão. Qualquer que seja a explicação deles, estão enganados. A Igreja crê que na comunhão eucarística nós recebemos Jesus Cristo. Mas, como só há um Deus, a comunhão é por Cristo, com Cristo e em Cristo.

Quem ainda acha que crer é coisa fácil provavelmente não vê TV, nem lê livros e jornais, e não anda por onde ficam aqueles que sofrem. O povo sofre e espera.

A Eucaristia é um encontro do discípulo com o mestre, do fiel com seu formador, do crente com o Cristo que disse que estaria naquele pão e naquele gesto.

Um católico poderá assistir a três missas no mesmo dia e comungar três vezes. Não sentimos fome de novo e não nos alimentamos também três vezes ao dia? Se for possível, por que deixar de recebê-lo? Só porque já estivemos com Ele de manhã?

Se outro dissesse que há coisas mais importantes do que rezar, duvidaríamos. Mas foi Jesus quem disse que a paz é mais importante do que a oferta de alguma coisa a Deus. Então, a caridade está acima do rito e do louvor. Deus é mais louvado no perdão do que na festa.

Continuo buscando uma linguagem que traduza o pensar de toda a Igreja. E sigo motivando os jovens e leigos a conhecer o pensamento da Igreja.

Rezar é essencial. É impossível ter fé e não sentir desejo de falar com o Criador do Universo. Aqui e acolá pode acontecer que o filho não se sinta disposto a conversar com seu pai. Mas não conversar nunca demonstra ruptura nas relações de ambos.

Falar com Deus é como respirar. Muito tempo sem respirar direito faz mal para os pulmões. Também a alma respira mal quando não procura Deus.

Fazer de conta que batizamos alguém, sem nenhuma intenção de batizá-lo, é simular um sacramento. Nenhum padre ou leigo deve brincar com algo tão sério, nem mesmo para estar na mídia a pretexto de evangelizar!

Ao contrário do que se pensa, o púlpito não é apenas aquele lugar onde falam o bispo e os padres. Seu lar também é um púlpito. Leigo também prega.

Quem não se converte todos os dias, corre o risco de não chegar ao fim do seu objetivo. Só permanece fiel quem se converte todos os dias.

Sofrer sem compreender é uma desgraça; sofrer e compreender é uma graça. É aí que a religião completa a medicina.

Não é porque alguém tem imagens, escapulários, reza aos santos, acende velas, tem terços, aceita Maria, tem livros de videntes, usa água benta que ele é católico. Não é isso que nos caracteriza, nem é este o cerne da nossa fé. Catolicismo é diálogo e abrangência.

Jesus, Paulo e centenas de pregadores famosos conseguiram ser misericordiosos sem ser adocicados. Pregaram paz, justiça social e direitos humanos.

A boa senhora religiosa abriu os olhos entre chocada e incrédula: "Como? Um padre que não reza o terço todos os dias? Que tipo de padre o senhor é?" – Minha senhora – respondi – leio a Bíblia todos os dias pelo menos uma hora, falo com Jesus todos os dias, atendo as pessoas todos os dias, falo sempre que posso com o céu, partilho dos sacramentos, estudo a fé todos os dias, estou sempre cansado. Vou dormir depois de dezesseis a dezoito horas de trabalho por dia, ajudo sempre que posso e a quantos eu posso como padre. E a senhora se escandaliza por que ainda não li o padre Gobi e não rezo o terço todos os dias?

HABITUE-SE A REZAR

Somos convidados a nos envolver com o Deus que se envolveu e se envolve conosco. Amemos o Deus que nos ama.

Nosso conceito de graça de Deus determinará nosso tipo de oração. Não critique quem repete vinte vezes a mesma oração; ele talvez precise dessa repetição. Seu conceito de rezar é outro. Deus faz com ele o que os pais pacientes fazem com as crianças que repetem: deixam-nas falar. E Deus também o deixa falar, embora o tenha ouvido desde a primeira vez!

Leva tempo para passar da catequese infantil e do verbo engolir e consumir para o verbo assumir. Transubstanciação é termo a ser explicado.

Na concepção e na encarnação, dizemos que Jesus Cristo entrou num ventre virginal. Na comunhão, Ele entra num pecador que ousa recebê-lo.

Pilotos nem sempre veem o aeroporto onde devem pousar seu avião. Mas confiam nos instrumentos que sabem ler, ouvem a voz dos que os orientam e chegam ao seu destino. As boas igrejas se servem de bons pilotos, bons instrumentos e bons orientadores e nos levam ao lugar certo.

Não acredite em pregador que não consegue elogiar as boas coisas da religião do outro. Se ele só elogia a dele e só vê defeitos na do outro, ele é preconceituoso, age como moleque que, como acha a sua mãe bonita, logo as mães dos outros são feias. Quem não consegue ver beleza nos outros é narcisista, vaidoso, deslumbrado consigo mesmo. Cuidado com pregadores narcisistas; eles semeiam guerras enquanto prometem riqueza e paz!

Costumo rezar a Jesus, para que fale por mim ao Pai. Isso está na Bíblia. Se eu posso rezar desse jeito, por que a mãe dele, Maria, não poderia?

Porque está morta e esperando ser salva? Será que Jesus até agora não conseguiu levar nem mesmo a mãe dele para o céu? Mas que cristianismo é esse? É isso que me distingue como cristão católico. Eu creio na passagem em que Jesus disse que viria buscar os que Ele ama. Não disse que seria cem mil anos depois de sua morte! (Jo 14,3).

Não se impressione com os pregadores que sabem de cor e salteado os versículos da Bíblia. Há farmacêuticos que também sabem de cor e salteado o nome e o preço dos remédios e o empurram goela abaixo nos clientes ingênuos. Uma coisa é saber citar a Bíblia; outra coisa é obedecer a ela, respeitando os outros – como ela requer.

A fé no Espírito Santo não comporta redomas, grupismo ou fechamentos. A proposta é de abertura e aprendizado permanente: crescer em Cristo.

Visto daqui de baixo, o avião é pequeno e mal se manifesta. Lá de cima revela-se um enorme veículo que carrega de trezentas a quinhentas pessoas. Vemos Deus do mesmo jeito. De longe ele parece pequeno ou nem o notamos, exceto por algum traço que Ele deixa. Só começamos a entender o quanto Deus é grande quando entramos no seu mistério e nos deixamos conduzir por Ele.

———◦◦◦———

Saber rezar inclui o respeito pelos que não pensam nem rezam como nós. Cuidado com as suas orações em público. Os fariseus também faziam orações em público e gritando mais para aparecer do que para falar com Deus.

———◦◦◦———

Rezar é como usar um telefone celular; a qualquer hora ou em qualquer lugar a gente fala com Deus.

———◦◦◦———

A doutrina sobre Deus Uno e Trino foi ensaiada por muitos filósofos, mas encontrou nos cristãos um aprofundamento cada dia mais provocador.

———◦◦◦———

Falar do Espírito Santo e proclamar-se tocado pela Trindade pode ser santidade, pode ser humildade e pode ser moda. Cada um que se examine!

———◦◦◦———

Sou dos cristãos que entendem que não está tudo na Bíblia. A própria Bíblia diz que não está tudo lá... São João afirma que há muito mais a ser dito sobre Jesus do que aquilo que foi escrito. Por isso, além de ler a Bíblia, eu leio em média cinco livros por mês. Agradeço a quem me ensinou a amar os livros!

Quando, por excessivas prudências, empurramos com a barriga decisões urgentes; quando, para não perder o patrocínio, medimos cada palavra da nossa pregação porque o governo pode nos tirar a concessão de rádio ou de tevê; quando não falamos da dor do povo e mesmo que os bispos e o papa falem, continuamos só falando de coisas doces, que não comprometem nossas obras; quando nossos cantos só celebram o céu e jamais lembram a dor, o ódio, a droga, a violência, o dinheiro; quando encolhemos nossa Bíblia e só falamos de coisas celestes... alguma coisa está faltando na nossa pregação. Jesus rima com luz, mas também rima com cruz!

Há um tipo de cristão comentarista e comedor de pipoca. Senta-se ao sofá, liga sua televisão e tece comentários de cunho filosófico, sociológico, antropológico, psicológico e teológico sobre tudo o que vê. E rega tudo com vinho ou cerveja, às vezes com um cigarro ou um charuto no cinzeiro. Mas, quando se pede uma ajuda a uma creche ou se procura um voluntário para alguma obra social, ele não se mexe. Optou pela vivência do cristão refestelado! Ou seja, aposentou-se imediatamente depois da primeira comunhão.

Judite, Tobias, Ester, Macabeus, Sansão e Dalila, o filho pródigo, o samaritano, Adão e Eva, a serpente tentadora, Abraão e Sara, Jacó e Rebeca, Isaac e Raquel são pessoas imaginárias ou histórias reais? Quando a gente sabe a diferença pode dizer que sabe ler a Bíblia.

Talvez seja esta a maior descoberta de um pregador. A dosagem entre fala e silêncio. Pregar não é só falar.

Alguns personagens da Bíblia não existiram. Não são histórias com "H" maiúsculo. São estórias que ajudam a ressaltar alguma virtude humana ou algum pecado. Nem por isso, deixam de ser estórias ou histórias da salvação.

A guerra e o conflito na vida tribal, 40 séculos atrás, eram inevitáveis. Eram tempos ferozes e eram homens ferozes. Isso destaca Abraão, que buscava diálogo num mundo onde ninguém fazia isso.

Hoje, quando vejo jovens e até pregadores que não abrem livros, imagino corações do tamanho de uma melancia e cabeças do tamanho de um ovo de codorna.

Muita gente sensível e mal evangelizada cometeu erros imensos por ter aberto o livro em frases fora de contexto. Não se lê a Bíblia de qualquer jeito. Não se faz isso com nenhum escritor; muito menos com Deus.

Um sacerdote que celebra um casamento de um casal que não pertence à sua paróquia e a faz sem pedir licença às autoridades comete ato de desobediência às normas da Igreja. Não podemos oficiar ou presidir uma cerimônia de casamento ou batizado sem que o pároco ou o bispo o saiba. Nem podemos aceitar tal função apenas porque os noivos são nossos amigos ou parentes.

Se Jesus, o santo, ouviu e dialogou com quem não acreditava em Deus do jeito certo, que direito temos nós de nos fecharmos aos que não creem nem rezam como nós?

Parece-me que um dos problemas do nosso tempo e da nossa Igreja é a pressa de crescer sem primeiro fortalecer as raízes; queimam-se etapas.

Católico pensante repete o que acha bom, mas nem por isso se torna repetitivo. Até o rosário que ele reza é diferente. Pensar rima com rezar e vice-versa.

Não sei se vocês pensam como eu penso, mas ultimamente a mídia religiosa tem confundido as coisas: mensageiro demais e mensagem de menos.

Deus nos abençoou, abençoa e seguirá abençoando. Cabe a nós entender suas bênçãos e passá-las adiante.

Nem tudo é anjo, nem tudo é demônio, nem tudo é pecado, nem tudo é visão e nem tudo é do Espírito Santo. Discernimento: eis a virtude...

Somos todos cristocêntricos, mas há quem acentue o Pai Eterno, ou o Espírito Santo, e outros, algum mistério da vida do Filho.

Que o essencial nos una e que os acentos não nos separem...

Quando um evangélico ou um católico rejeita o ecumenismo, rejeita o diálogo com o irmão. Seria o mesmo que dizer: "Você não tem nada a me ensinar". Quem assim age perde o direito de ensinar sua verdade.

Citar Jesus de maneira superficial ou usar seu nome em vão é desrespeito. Ouve-se muito nas Igrejas "Jesus me disse esta noite! Jesus lhe mandou este recado! Jesus está dizendo a você!". É até possível que Jesus se manifeste claramente a um ou outro, mas a maioria dos que assim se expressam não viu, não ouviu e não lhe foi revelado. Inventou porque isso lhe dava *status*.

Da próxima vez que você vir ou ouvir um grupo a rezar, não critique. Fique feliz. Afinal, essa gente que reza está buscando comunicação com Deus... Podem ter lá seus pecados, mas estão no caminho certo. Quem reza, em geral, amadurece.

Continua mais fácil falar de Deus do que falar com Deus. Rezar de verdade é possível só para quem conseguiu amar a Deus e gostar do ser humano. De outra forma, é fuga ou histeria.

Não nos enganemos. Ninguém de nós sabe ou saberá rezar como se deve. Não realmente.

Sou daqueles que ainda acham que a oração tem mais força que milhares de livros de discursos sobre força de vontade...

Duvidar que Jesus seja Deus é um direito de qualquer crente em Deus. Muitas religiões têm outra visão de Deus. Afirmar que Jesus é Deus é também um direito de qualquer cristão. Mas isso não nos faz pessoas santas. Creio, mas estou longe de amar como Jesus amou!

Apóstolos, profetas, evangelistas, pastores e doutores... A Igreja que nascia tinha todos esses ministérios. Nem todos ficaram santos. É como hoje em dia. Nem todos ficamos santos, seja porque falamos e não vivemos, seja porque gostamos de nos acusar mutuamente, ou de puxar o tapete um do outro ou ainda, porque temos grande dificuldade de perdoar os outros. Quem pensa que não houve nada disso no tempo de Jesus e na Igreja que nascia releia seu Novo Testamento. Crer no Deus que é santo não nos faz automaticamente santos.

Numa de suas cartas, Paulo saúda dois parentes seus, Andrônico e Júnia (Rm 16,7), a quem chama de apóstolos, os quais amarguraram com ele os dias de prisão e o precederam como apóstolos. Isso quer dizer que, além dos doze, havia outros, inclusive uma mulher, que receberam o nome de apóstolos. Dos apóstolos e apóstolas de hoje se espera igual testemunho.

O futuro dirá se Jesus veio apenas para durar vinte séculos ou se veio para reeducar o homem nos caminhos da fraternidade, para todo o sempre.

Na verdade, o rosto de Jesus não ficou registrado. O que temos é uma ideia vaga. Ficaram seus gestos e ficaram suas palavras. E talvez seja isso que conte.

A pregação de Jesus era de uma lógica impecável, de enorme comunicabilidade e de autoridade incontestável. Além disso, Jesus tinha poesia, ternura e firmeza no falar.

Percebo que muitos cristãos confundem os dois verbos: rezar e anunciar. A oração deve ser libertadora e intercessora. O anúncio também!

No poema do Universo, Jesus Cristo foi o único verso que conseguiu rimar o homem com Deus.

Existe Alguém querendo continuar sua obra em nós. A criação não terminou.

Tudo o que se pode imaginar de bom está contido em Deus ao infinito.

Deus é a pessoa mais pessoa que há. Por isso, mergulhar no seu infinito é a primeira condição para se sentir pessoa plenamente. Quanto mais conhecemos Deus, mais nos fazemos pessoas, e mais nos tornamos humanos...

Deus é o substantivo mais substancioso que existe. Por isso, os superlativos a Ele atribuídos são mera redundância.

A catequese, além de informativa, deve ser sempre formativa. Por isso, é pedagógica. Deve provocar os humanos a se tornar pessoas.

Deus não é um ser apenas para nossa inteligência: é alguém para o nosso coração.

Existe uma severidade carinhosa e um carinho exigente. É o jeito de Deus. Deve ser o jeito de toda pessoa que se afirma filha ou filho dele.

A Igreja deve ser mais aberta, mas não tão aberta a ponto de engolir a moral dos escritores de novelas ou promotores de pornografia e erotismo a céu aberto. Seus fiéis devem ser alertados contra esse tipo de veneno que entra em pequenas doses pelos olhos e pelos ouvidos.

Falar bonito sobre o Natal é fácil. O difícil é viver bonito por causa do Natal.

Segundo os cristãos, o libertador Jesus é mais do que um profeta excepcional. Ele é Deus, e Deus tem mais poder do que imaginamos.

Algumas pregações que ouço e vejo carecem de reflexão prévia. Tenho sugerido a quem me ouve que pense antes de anunciar. Meditemos antes de dar testemunho.

Deus, que não era humano e não tem formas nem rosto humano, veio ser filho e humano para que fôssemos um pouco mais humanos.

Aguardamos que o Deus que não vemos se manifeste. Jesus não nasce de novo, mas, ao dizer simbolicamente que Ele renasce, mostramos esperança.

Jesus soube nascer, crescer, viver e morrer e ressuscitar. Não saberemos viver tudo isso como Ele, mas podemos aprender com Ele.

Ser humano é mais do que nascer. Depois de nascer, temos a tarefa de nos tornarmos pessoa. É bem isso que Jesus veio ensinar com o seu Natal.

O discurso humilde supõe que, quando elogiados, digamos que somos servos inúteis e que não fizemos mais do que a nossa obrigação. A coisa é radical a esse ponto! (Lc 17,10). E o motivo é simples: é raro o crente que não procure aplausos por sua suposta conversão. Não todos, mas um grande número de testemunhos de vida esconde pequenas vaidades.

Sobre isso de querer recompensa por sermos bons, Jesus se ocupa largamente no sermão da montanha. Ele condena todo arroubo de vaidade daquele que fez alguma coisa boa pelos outros. Ensina a dizer que não fizemos mais do que o nosso dever!

Sou dos que não sabem crer sozinhos. Por isso escolhi a Igreja Católica para crer com ela. Se outros escolhem outra igreja, é um direito deles; terão meu respeito. Só não aceito que me digam que são mais sábios ou mais santos porque aderiram a outra igreja. Pode ter certeza que entrarei no debate. Nem eles gostam que se fale mal da mãe deles, nem eu da minha!

Para mim, católico, minha Igreja é suficiente. Não me julgo superior aos outros crentes. Aprendo com eles, mas permaneço católico. Eu gosto de minha Igreja.

Religiões absolutistas costumam ser religiões cruéis que usam Deus como desculpa para a sua intolerância.

Deus existe e, pelo que se lê nos livros sagrados, prefere muito mais os fazedores da paz que os faladores da paz...

O segundo Advento é o nosso tempo de espera. Ele se concluirá ao morrermos e quando Jesus voltar glorioso. Somos filhos do segundo advento.

Não existe nada mais diabólico do que brincar de deus. O fanatismo é tudo, exceto o que pretende ser: religião...

A grande originalidade do amor cristão está no amor aos que não nos amam...

Nós cremos no poder salvífico de Cristo, que, se pôde ressuscitar Lázaro, a menina e o rapaz, ali mesmo, no ato, pode nos levar para o céu quando quiser.

Solidário não é quem nasceu bonzinho, mas quem desenvolveu o dom de ajudar os outros e optou por essa maneira de viver.

É falta de catequese e erro crasso acentuar demais o discurso e esquecer o curso! Alguém pode discorrer sem acorrer. A distinção parece pequena, mas não é. Narrar uma corrida ou um fato é uma coisa, correr junto e vivenciar o fato é outra.

Jesus exigia coerência, virtude que falta à maioria dos pregadores e fiéis. Incluamo-nos entre eles! Proclamar que Jesus é o ungido não nos faz ungidos. É preciso mais do que proclamar.

Só posso dizer que acredito em alguém quando não sei o suficiente sobre ele. Quando um pregador diz que Deus acredita em você, no mínimo está usando o verbo errado. Deus sabe quem você é. Crer é verbo de quem não sabe o suficiente!

Quem acha que a lua e o sol só brilham no telhado da sua casa não está precisando de óculos; precisa é de mais juízo e de mais humildade.

Se em quase setenta anos de vida não deixei de ser católico – e não faltaram convites, informações e oportunidades –, é porque aceito as conclusões da nossa Igreja. O fato de ver mais valor na minha religião não significa que veja menos valor nas outras. Sei pensar diferente e até discordar sem diminuir o outro lado!

Proclamar o Cristo e proclamar-se cristão é relativamente fácil. Basta ligar o rádio e a televisão para ver Jesus ovacionado, aplaudido e proclamado, com milhões de fiéis se reunindo em seu nome. Acontece que anunciar e proclamar que Jesus é o Cristo é mais do que proclamar milagres e curas e puxar aplausos para Jesus; é mais do que rezar, mais do que cantar para Ele e sobre Ele, mais do que sair em procissão e marchas para Cristo; é manter certa linearidade de comportamento, dia a dia, vivendo pelos outros e preocupado em libertar as pessoas.

O entusiasmo é uma força interior que motiva a pessoa naquilo que faz e naquilo que busca. Existe um entusiasmo moderado, fruto de equilíbrio verdadeiro, que não engana e que opera para o bem; e existe o entusiasmo que é mais desvio do que força. A pessoa se supervaloriza e conclui que só porque ela deseja algo esse algo é real ou acontecerá.

Quem me acha pouco inteligente por ser crente, cristão e católico me dá o direito de achar que ele também não é inteligente por não ter feito a mesma escolha que eu fiz. Só que não penso dessa forma. Conheço centenas de ateus, judeus e evangélicos mais inteligentes do que eu. Eu também sou mais inteligente que muitos deles. E daí? Qual a diferença?

Quem se agride e se desrespeita por causa de algumas passagens bíblicas tem coração pequeno e provavelmente não leu direito as outras passagens...

Infelizmente há religiões e igrejas nas quais não consigo acreditar. Agridem demais e sabem de mais para merecerem o nome de crentes!

É muito fácil dizer que foi Deus ou que foi Satanás que causou determinada situação. Quase sempre é um jeito de escapar de mais explicações. O fiel aceita porque crê e a resposta está dada. Mas fé e vida merecem melhores explicações do que uma frase fora de contexto!

Se ajudarmos ou não ou se falamos ou não falamos com Deus, é assunto particular. Enfim, Jesus pede que nos mostremos sem cair na ostentação; e que exponhamos a Palavra de Deus sem nos expormos demais.

Religião que não leva ao diálogo não é religião: é ditadura espiritual.

Amar gente simpática é fácil. Para isso, não é preciso ser cristão. O difícil é amar os antipáticos e os que nos fazem o mal. Este é o amor cristão!

Algumas pessoas mudam de religião como se muda de roupa ou de automóvel. Escolhem algo mais cômodo, mais bonito e, às vezes, mais barato, mas não a verdade...

Raramente o pregador moderno é contestado. Isaías, Jeremias e Jesus o foram. Na mídia moderna, quase não há chance de alguém interromper uma pregação ou questionar algum milagre ou exorcismo. Uma equipe o tirará do caminho. Jesus, ao que tudo indica, não tinha essa equipe, nem a queria...

Queremos o direito e a liberdade de pregar e anunciar a nossa fé. Isso está na Constituição.

Mas não temos o direito de deturpar passagens da Bíblia para conquistar adeptos. Isso até a Constituição, que é laica, proíbe. É que se trata de mentira e de charlatanismo. Pregar a fé, sim, mas pregar o engodo disfarçado de fé vai contra o Direito.

Ele deu a entender que era o Cristo e nós damos a entender que somos cristãos. A diferença é que Jesus assumiu o que disse, e nós estamos longe de assumir o que dizemos!

Há quem pare no homem. Há quem vá mais além. E há quem vá longe demais. E estes são os pontos iniciais das divergências entre os ateus e os religiosos.

Não afirme nem negue depressa demais. Ouça, estude e só depois fale sobre Deus.

Entre o ateu que pergunta e o crente desonesto que teme perguntar ou proíbe questionamentos, o ateu está mais perto de Deus. Quem quer saber, às vezes, é mais honesto do que quem diz que já sabe tudo.

———⁂———

Um grande número de ateus quer mudar a história acentuando os valores do homem. Com isso, demonstram crer na humanidade. E eu também acredito, só que vou além: creio em quem a criou.

———⁂———

Um dos maiores propagandistas do ateísmo é o crente que fala como se conhecesse Deus nos mínimos detalhes. É blefe!

———⁂———

Piedosamente, quase compungido, o pregador dizia que Deus não perde tempo em falar a quem, com certeza, não vai ouvi-lo. Ele só fala com quem o ouve! Ensinou errado! Faltou teologia e Bíblia naquele cérebro. Pintou um Deus que não perde tempo com os pecadores...

———⁂———

Se Deus quisesse odiar, Ele poderia? Quem diz que sim admite que, se Deus quisesse deixar de ser Deus, Ele conseguiria. O fato de Deus deixar de ser Deus não cabe no conceito que Dele se faz. Se admitíssemos que Deus poderia odiar, teríamos de nos declarar ateus. É que, para um cristão, Deus não tem apenas amor: Ele é amor!

A tentação do panteísmo ronda a maioria das religiões. Uma coisa é sentir a presença de Deus em tudo e outra é dizer que Ele é tudo ou está em tudo! O pecado é alguma coisa, e Deus não é pecado. Então Ele não é tudo!

A Igreja pretende iluminar o túnel da morte com as luzes da fé. E as luzes mais fortes são a cruz e a ressurreição de Jesus... Ele viveu como quem sabia que morreria, e morreu como quem sabia que viveria.

HABITUE-SE A DIALOGAR

Nunca se comunicou tanto na humanidade e provavelmente nunca se comunicou tão mal. O advento da mídia ampliou a informação, mas também ampliou a mentira.

Dois de meus melhores amigos eram ateus. Eles me ajudaram a ser um crente mais sereno que não engole qualquer receita. Havia luz neles.

Há de se distinguir com muito cuidado entre comunicar bem e comunicar o bem.

A imprensa é uma invenção maravilhosa. Mas às vezes é preciso admitir que não está em mãos de gente certa! E também não estará nos governos que a controlarem. Comunicar não é uma mística fácil de viver. Ninguém gosta de ser escada, nem degrau de baixo, mas é porque ele assume seu lugar que o outro sobe! Conclusão: não é competição!

Respeito as emissoras que não tocam minhas canções. Nunca quis nem quero ser onipresente, nem busco unanimidade. É imaturidade.

Digo que parte substancial da espiritualidade cristã passa pelo nosso sim e pelo nosso não ao dinheiro e ao poder absoluto. É muito imaturo o cidadão que acumula histericamente. Quanto mais aumenta sua conta pessoal no banco, menos sensível ele fica, a não ser que esses bens sejam para os outros e para ampliar o mercado de trabalho.

Faça o teste: proponha a um pobre que dê dez por cento do seu cacho de cem bananas ao colega pobre. Proponha a um milionário que dê para um hospital 1% dos 50 milhões da sua conta bancária. Ele não dará os 500 mil. Mas é apenas 1%. É que banana é banana e dinheiro é dinheiro! É... Pois é!

Quem não faz de tudo para ser solidário acaba tristemente solitário.

Para construir a paz, teremos de aprender a concordar sem superficialidades e a discordar sem cair em discórdia.

Sábio é quem sabe dizer sim e não do jeito certo, na hora certa e para a pessoa certa. E quem sabe discordar sem odiar.

Meninos e meninas: não parem de ler, para não caírem nas garras da mesmice. Acrescentem-se: leiam muito e dialoguem e orem mais.

O mundo sem solidariedade é um mundo sem pessoas sólidas. Por isso anda tão liquefeito e sem posturas firmes, adaptável demais!

Recebo muitos elogios. Mas sou apenas um entre milhões de vozes que acertam e erram, e que desejariam mais acertar do que errar. Rezar ajuda!

Em tempos de internet, que são também tempos de calúnias, maledicências e acusações irresponsáveis, há muitos famosos crucificados no mundo da política, das artes, dos esportes, da mídia e da fé. Veicula-se uma fofoca e em pouco tempo ela é divulgada. Ninguém verifica se é verdade.

Dizem que os universitários do Brasil leem por conta própria menos de quatro livros por ano. E os políticos e pregadores da fé? Será que passam de quatro livros?

Toda grandiosidade é impactante, mas pode ser perigosa. O grandioso acaba esquecendo que foi e será pequeno. Alguém sempre será maior.

Penso que a mídia tem sua parcela de culpa na divulgação da violência. Alguns filmes a *glamorizam*. Competir e vencer tornou-se heroico e nem sempre é. Jovem tem de aprender a perder.

Muitos pais deixaram de ser semáforos quando resolveram funcionar apenas no verde. Os acidentes de agora são fruto do excesso de verde...

Ensino e aprendo, mais aprendo que ensino. "Crer" em grego quer dizer "prestar atenção". Eu presto!

Pessoas precisam dar-se um sentido e achar um sentido para as outras pessoas e para as coisas. Até as pedras têm sentido. Não se constrói uma casa com qualquer pedra.

Classificamos as pedras de acordo com sua utilidade ou beleza. Sabemos que os escultores olham sua consistência. Até na pedra eles vão mais fundo.

Pessoas precisam ser mais consistentes do que bonitas de rosto ou de corpo. Escolhemos os bons amigos pela substância e não pela estética. Há uma mesmice que denota falta de procura.

Mesmice é oferecer todos os dias o mesmo ovo frito e o mesmo feijão com arroz quando no quintal há couve e alface que podem mudar o tempero.

―――◆◆◆―――

Estou longe de ser a pessoa que Deus queria e quer de mim, longe de ser a pessoa que poderia ser, mas penso que sou pessoa melhor do que já fui. E devo isso aos amigos que tiveram a coragem de me corrigir. Sou a favor da correção fraterna. Ela já fez muitos santos.

―――◆◆◆―――

Querem nos convencer que devemos continuar gastando e consumindo num mundo que não compra como comprava. É o *ethos* C/D: consumo e diversão.

―――◆◆◆―――

Dinheiro de quem, por que, para que, até que ponto? São perguntas que primeiro os ricos deveriam fazer. O $ passa mais por eles.

―――◆◆◆―――

Sociedade líquida é aquela que perdeu a consistência e se nos escapa pelo vão dos dedos...

―――◆◆◆―――

Há um tipo de cidadão que adora discorrer sobre as causas e os efeitos da pobreza e fazer comentários sociais, políticos, culturais e religiosos sobre os pobres na sociedade. Mas, quando se depara com um pobre de verdade à sua frente, não sabe nem conversar e, às vezes, nem ajudá-lo. É apenas um discurso. Uma coisa é a pobreza; outra é o pobre. Tais pessoas são como o indivíduo que diz gostar muito da humanidade. O que ele não gosta é de ter de lidar com gente.

Em janeiro o rapaz disse para uma moça: eu te amo mais do que tudo neste mundo. Em maio já estava dizendo à outra: eu te amo mais do que tudo neste mundo e em novembro dizia a uma outra: eu te amo mais do que tudo neste mundo. Mudaram elas, mudou ele, ou mudou o sentido da expressão? Quando alguém diz que adora comer não está dizendo que adora, da mesma forma que se diz bom dia sem estar dizendo, ou eu te amo sem estar amando. Muitas palavras perdem totalmente o sentido na boca de quem não pensa no que fala.

Dizem que as crianças gostam de olhar pessoas bonitas. Não é o que percebi até agora. Elas gostam é de estar perto de gente suave, cuidadosa e divertida.

Há dois tipos de beleza que encantam o ser humano. Algumas pessoas têm os dois, mas a beleza interior tem maior poder de criação do que a beleza física. Esta cria ideias, excita a imaginação e até rende milhões para a indústria da beleza, mas não deixa creches, nem asilos, nem hospitais, nem dura mais do que alguns anos. A beleza interior vai muito mais longe.

Dar a nudez, o corpo e o carinho a alguém que fez por merecer é santo e é bonito. Dá-lo sem amar machuca. Quem o fez deve pedir perdão. A libido às vezes acelera o corpo para além do seu limite ou dos seus direitos. Um carro não pode correr sem freios. O corpo também não!

Desconfie da honestidade e da credibilidade de quem nunca admite que errou. Se é um ser humano, alguma vez ele já errou.

O autor disse: "Procure meu livro numa boa livraria. E, se ela não tiver meu livro, então não é uma boa livraria". Só por isso não deveríamos ler as suas obras. Quem é capaz de se exaltar a esse ponto não escreveu para ensinar e para servir. Tem eu demais naquele autor.

Há muitas maneiras de provocar. Podemos chamar para a briga, chamar para a reflexão, chamar para a conversão. Com diálogo é mais sereno. Quem provoca para diminuir o outro está chamando para a briga.

Diálogo é bom. Debate em geral acaba em agressão verbal. Não aceito nunca ir a debates. Menos ainda na televisão. Lá o debate é usado como estratégia de segurar a audiência. Você que se vire!

HABITUE-SE
A ANALISAR OS FATOS

Eu nunca havia visto os anéis de Saturno, nem a nebulosa de Magalhães. Um dia num poderoso telescópio constatei que meu professor não mentira. Até então, eu só tinha a palavra dele. Ainda assim, acreditei.

———◆◆◆———

Ter fé é mais ou menos isso: alguém afirma e, antes de constatar pessoalmente, eu aceito e admito essa verdade, porque acho que tal pessoa não mentiria para mim, nem está enganada. Creio na pessoa que me fala e na verdade que ela anuncia. Há mensageiros da verdade que são verdadeiros e há mensageiros que mentem. Preciso saber a diferença.

———◆◆◆———

Um louco matou trinta pessoas; Deus o queria! O homem que mandou fazer isso e convenceu seus seguidores a morrer por essa fé foi caçado com todo o poderio do povo ofendido. Na caça, dois países foram invadidos e dominados. Morreram milhares que não tinham nada a ver com a guerra. Mas quem jogou aquelas bombas se achou no direito de matar até os inocentes desde que pegassem os culpados. Aconteceu em 2001.

Jornalistas já mentiram para vender mais revistas. Pregadores já mentiram para conseguir mais adeptos. Políticos já mentiram para derrotar seus adversários. Advogados já mentiram na defesa dos clientes. A tentação de mentir é permanente. Toda a vigilância ainda é pouca.

Quem não acredita na palavra e na seriedade de ninguém, morre louco. Quem acredita sem refletir acaba machucado.

Onde se cultiva o egoísmo é impossível cultivar a paz. Os dois não cabem no mesmo canteiro...

Modernidade não é símbolo de profundidade e cultura. Às vezes, é conservadorismo estéril. Cultura é conteúdo e abertura...

Pessoas que se irritam facilmente e agridem com ódio precisam urgentemente de um médico ou de um padre. Estão doentes no corpo e na alma.

Precisar demais dos outros é incompetência. Nunca precisar de ninguém é orgulho tolo.

Quem acha que não vale mais nada quase sempre é um péssimo avalista. Não importa em quê, em algumas coisas somos especiais e valemos mais do que o comum.

Quem não sabe precisar dos outros é mais inútil do que aquele que precisa mais do que o necessário. Até a ilha no seu isolamento precisa do mar para chamar-se ilha.

Conhecer o próprio limite é a primeira condição de poder um dia superá-lo. Só posso pôr mais um andar na minha casa se souber o quanto seus alicerces e suas vigas são capazes de suportar.

Novo não é o mesmo que profundo, e diferente não é o mesmo que inteligente. O avançado ou conservador pode ser superficial.

O mundo perdeu a capacidade de avaliar os outros e de se autoavaliar, se é que já teve. Em geral nos superavaliamos e subavaliamos os outros.

Leva-se uma vida inteira para aprender a ser bom sem ser tolo nem ingênuo, e outro tanto para ser misericordioso sem perder a noção de justiça!

É assim a nossa vida; um avanço significativo entre duas vitórias e uma derrota. Ninguém é perdedor absoluto.

Pessoas precisam dar-se um sentido e achar um sentido para as outras pessoas e para as coisas. Até as pedras têm sentido.

A vida é muito mais do que menos... São dois passos à frente e um passo atrás...

―――

Amor e carinho fazem bem. Mas, se o carinho estiver atrapalhando, que se dê amor sem carinho! Até porque palavras e olhares também são uma forma de acariciar!

―――

Há carinhos em filho, em avô, em avó, em pai, em mãe, em crianças, em velhinhos, em doentes, na esposa, no esposo, no namorado, na namorada, em amigos e no bebê. Cada carinho é diferente; depende do grau de diálogo e de quem o dá ou o recebe. Respeite a idade, evite se impor, respeite-se a carência, a necessidade de afeto da pessoa! Que ela se sinta ajudada pelo carinho que recebe, acolhida e amada.

―――

Levo muito a sério a vocação de armazenar sabedoria. É como armazenar água. Quem armazenou conhecimentos terá mais conteúdo a oferecer.

Sou professor e pregador inquieto com essas lindas cabeças nas quais raramente entram livros de religião.

Se queremos que o mundo admita que os cristãos são importantes, precisamos em primeiro lugar mostrar que nos importamos com o mundo.

Saber perder de vez em quando é saber ganhar o suficiente para ser feliz. A vida é como aquela procissão dos índios da América Central: "Dois passos para a frente, um passo para trás. Dois passos para frente, um passo para trás". E de pouco em pouco a gente progride.

Quem não aceita não como resposta e acha que tudo tem de ser do seu jeito é candidato à solidão e a uma velhice tremendamente desagradável. Não vai ter muitos amigos.

Você pode aumentar, diminuir ou interferir no seu corpo por razões estéticas ou éticas. Operar o coração é uma razão ética; engordar ou emagrecer pode ser um ato ético ou estético. Depende do porquê. Quando a estética atropela a ética, temos um caso de apossar-se ilicitamente de um corpo, nem que seja o nosso. A moça que turbinou seu corpo com silicone para vencer um concurso e tomar o marido da outra pecou contra seu corpo e contra a ética social. Interferiu no seu corpo por razões desonestas. Quando as razões são honestas, a interferência faz sentido.

———※———

A palavra grega para purificação era "crise". De crise veio a crítica. Nem toda crítica é má. Nem todo crítico é mau. Às vezes quem posa de bonzinho, que jamais critica ninguém, é que é desonesto; vê o erro e se cala. Pais que jamais criticam seus filhos são omissos. "Não gostei" é uma expressão que na boca dos pais é altamente positiva; deviam usá-la mais vezes.

———※———

Criticar o que deve ser criticado e evitar críticas cruéis e injustas nascidas ou da raiva ou do despeito. Isso é correto! Jesus criticou e soube criticar. Há críticas que purificam; as críticas de nossa mãe e de nosso pai – feitas com amor – nos tornam pessoas melhores.

Em um mundo em que há milhares de instrumentos de comunicação a cada passo e em cada canto há sempre o risco de falar demais e ouvir de menos.

Quem adora criticar os outros raramente aceita ser criticado. Quem jamais critica corre o risco de elogiar um corrupto ou desonesto para não perder o emprego, a fama, o aplauso, a chance, ou o dinheiro. O certo é criticar com serenidade. Jesus fez isso!

Interessar-se pelos jovens não é concordar em tudo nem ser bonzinho e sorridente com eles. É deixar que falem o que pensam.

Quem ama vai lá, telefona, procura, quer saber, entra em contato, quem ainda não ama admite e até ajuda, mas não se envolve. Está disposto a ajudar de longe, mas não se compromete.

Alguém pode admitir que Deus existe e não amá-lo. Alguém pode torcer por um time sem jamais ir ao estádio. Alguém pode dar dinheiro sem jamais ir ver a creche que recebeu seu dinheiro. A palavra é "pessoalmente". Somos mais responsáveis do que admitimos.

———◆◆◆———

Talvez um dia achemos o ponto ideal. Precisamos de imprensa livre e responsável, partidos de situação e de oposição e de igrejas que dialoguem.

———◆◆◆———

É verdade que árvores sem raízes fortes tombam, mas também é verdade que devemos cuidar do caule, dos galhos, das folhas e dos frutos machucados.

———◆◆◆———

O radicalismo consiste em cultivar raízes erradas e em salientar as raízes fora de proporção. O amor pela raiz os leva a desprezar a árvore!

———◆◆◆———

A criança repete dez vezes a mesma coisa até sentir que foi ouvida. Muitos anciãos contam suas histórias pela vigésima vez, porque lhes faz bem falar do passado. Muita gente repete centenas de vezes a mesma oração. Ou é porque precisam disso ou porque acham que o céu não as ouvirá se não a repetirem.

―――◦◦◦―――

Vale a pena dizer sim à vida, mesmo quando a vida nos diz não. Já viu os paraplégicos jogando basquete nas suas cadeiras de rodas?

―――◦◦◦―――

A mulher que se torna mãe muda de planeta. Ainda vive na Terra, mas age como quem mudou para o planeta Ternura. É a mesma pessoa, mas não o mesmo ser feminino. Multiplicou-se e cuida mais da sua parte multiplicada do que de si mesma.

―――◦◦◦―――

Quem não eleva os outros não será elevado. Penso no camelo que se abaixa para elevar seus passageiros. A gente tem que ser um pouco camelo, para saber abaixar-se sem perder a pose!

―――◦◦◦―――

Há sempre o risco de começarmos querendo anunciar Deus e com o sucesso acabarmos agindo como semideuses. O palco desestabilizou a muitos. E o pior é que não admitem que vivem para aparecer.

Comer e continuar faminto é doença. Querer sempre mais sucesso e riqueza pode ser doença. Penso em grandes nomes da música que sucumbiram.

Uma criança chorou de medo no avião que balançava. Duas poltronas mais à frente, outra se divertia, achando que o avião era um cavalo. No sacolejo da vida, somos como essas crianças; alguns tremem de medo dos sacolejos da vida, outros até que gostam do desafio. E há os que nem sabem do que se trata; estão dormindo.

O povo simples e até quem fez faculdade às vezes confunde o artista com o personagem. Fazem o mesmo com a própria vida. Nem sempre distinguem o sonho da realidade!

Muitos atores são também pensadores. Atuar é uma forma de cultura. Dão o próprio pensamento, expressam seu modo de ver a vida e, naquela hora, fora do palco, agem como pensadores, cidadãos com direitos. Dizem o que pensam. Às vezes, são chamados no palco a interpretar o que os outros pensam; naquela hora incorporam um personagem e tentam dizer o que o personagem diria e recitam o texto de um outro. Atores interpretam a vida!

Quando o diretor de TV me disse para dizer exatamente o que ele escrevera no papel, respondi, rindo, que só diria a frase dele se ele me pagasse como artista. Para dar meu pensamento ou o meu ponto de vista, eu não cobro nada. Mas, se ele me queria repetindo as frases dele, então, eu queria ser pago como ator... Acabou permitindo que eu falasse o que eu pensava e do meu jeito. Opinião eu não vendo, eu dou! Mas não aceito repetir o que meu entrevistador quer que eu diga. Não é minha forma preferida de comunicação. Sou pensador e não sou artista nem ator que interpreta o que o outro me manda dizer.

Uma revista vive de rever. Nela os autores reveem alguns acontecimentos da semana ou algum tema do cotidiano. Por isso, uma boa revista pode funcionar como extensão dos seus olhos. Alguém olha com você, com o país, com o mundo que o cerca, porque sozinho fica mais difícil. Os especialistas nos ajudam a ver melhor. Por isso, na maioria das revistas, são mais de quinhentos olhos vendo com você. Leia e assine boas revistas; sua cultura vai aumentar.

No aeroporto, ele vociferava para todos ouvirem que o copo de água a quatro reais era um roubo. Chamou de ladra a moça que o vendia. A pobre estava apenas vendendo o que o patrão mandara. Uma passageira saiu em sua defesa: "– Moço, ela não é a dona deste bar. Além do mais, se o senhor quer água, tem um bebedouro bem aqui na sua frente. Pode beber o quanto quiser, porque é água do governo, é gelada e é de graça! Agora, se quer água mineral, é justo que pague! O governo não tem obrigação de dar água mineral de graça para o povo. Então pague a indústria que a engarrafou". O reclamador se calou. Cidadania passa por isso; alguém tem de defender os indefesos. Funcionário tem de se calar, mas não o transeunte!

Entre quem tem saúde, senta-se, come, bebe e dorme o dia todo num sofá, sem mexer uma palha, e o que sai pelas ruas numa cadeira de rodas, o sadio é o cadeirante...

O limite fez o homem criar. Não víamos e alguém inventou a vela e a luz elétrica; não podíamos mergulhar fundo e alguém inventou o submarino. O avião, o telefone, o computador nasceram da necessidade do ser humano de superar seus limites. O limite não é um mal quando sabemos o que fazer com ele. Pergunte aos que se movem em cadeira de rodas.

Algumas pessoas adoram inventar o que já foi inventado. Fazem como o sujeito que, em vez de aperfeiçoar, começa tudo de novo; às vezes do mesmo jeito ou até piorado. Imagine se, em vez de aperfeiçoar um avião, os engenheiros ainda estivessem reinventando o 14 Bis?

Ninguém gosta de ser criticado, mesmo quando merece. Poucas pessoas ousam criticar e elogiar seus amigos. A maioria ou elogia ou se cala para não perder uma amizade ou altos pontos no ibope do grupo. Com isso, ninguém melhora. Boas críticas e pessoas que as aceitam fazem a diferença. Avião que não aceita correção acaba fora de rota!

Quem sonha com uma grande conquista não pode navegar só no raso ou na costa! Ou vai mais fundo para atingir sua grande conquista, ou acabará descobrindo o que todo mundo já conhecia porque jamais saiu do raso.

Ex-cônjuges não precisam necessariamente ser ex-amigos. Se isso acontecer, é porque não eram cônjuges de verdade. *Coniungium*, em latim, significa "laços em comum". Se daquela relação não sobra nenhum laço, é porque um dos dois ou ambos nunca viveram um enlace.

Quando o presidente da República desafiou a Justiça Eleitoral, os jornalistas, os juízes, as leis do país e fez campanha durante suas horas de trabalho; quando voou no avião presidencial para estar com sua candidata; quando agrediu verbalmente dois outros partidos e o candidato da oposição, arriscou sua credibilidade. Popularidade e credibilidade são duas palavras que acabam se distanciando quando se perde a seriedade do cargo!

Admirar é uma coisa; possuir é outra. Eu admiro aqueles prédios bonitos, belissimamente decorados, das grandes cidades. Mas eu não, quero possuí-los. Não tenho dinheiro para mantê-los.

Admiro os aviões a jato supermodernos que eu vejo nos aeroportos, mas não quero possuí-los. Não saberia o que fazer com um deles no pátio da minha casa. Quando vejo um homem cobiçando uma mulher linda e chamando-a de avião, eu me pergunto se ele tem hangar e aeroporto para possuir um avião daqueles. A maioria nem tenta. Sabem que aviões costumam custar caro.

Quando você vê uma flor e a colhe, você a mata para possuí-la. Habitue-se a não querer ter ou possuir certas coisas ou pessoas só porque são bonitas. Na maioria dos casos, possuir é sinônimo de matar.

Conheço pessoas que só sabem fazer o que seus líderes mandam. Lembram trens. Ante qualquer mudança descarrilam... Perderam a iniciativa.

O Brasil está estrangulado. Suas veias vitais entupiram. Corremos o risco de um AVC ou de um infarto. Estão cortando o oxigênio do povo.

Adoção é um verbo; abdução é outro. Uma coisa é dar um lar a uma criança que não o tem ou cujos pais não conseguem mantê-la. Outra coisa é invadir um hospital, roubar um bebê e criá-lo como se fosse seu; isso é abdução.

Baleias nadam 5 mil quilômetros para as águas mais quentes. Andorinhas e outras aves voam 10 a 12 mil quilômetros para ares menos frios. O que as levam tão longe? A vida! Se elas fazem tamanho sacrifício para sobreviver, os humanos podem e devem aprender com elas. Pela vida, vale a pena ir longe, por mais sofrimentos que a viagem acarrete.

De pessoa muito cara, ouvi que faltava-me vergonha na cara, ao desabafar com amigos sobre o que os outros me haviam feito de mal. Isso expunha os outros. Repensei, porque sou de aceitar críticas. Nem sequer me defendi. Desde então, quando me falam dos erros de alguém, limito-me a lembrar que eu também tenho mil defeitos; por isso, não posso opinar sobre a pessoa em questão. Quanto a desabafar? Não precisa ser com os amigos. Creio em Deus. Se tiver que me queixar, agora me queixo apenas com Ele. Já deveria ter feito isso há muito tempo e poupado meus amigos desse vexame!

Há heróis maduros e heróis irresponsáveis. Os maduros sabem o risco que correm, mas não se atiram aos braços do inimigo para morrer. Os irresponsáveis são capazes de provocar para atiçar o povo contra as autoridades. Jesus não fez isso.

O homem já exterminou inúmeras formas de vida no planeta e, se continuar com o progresso errático de hoje, deixará vivo bem poucos seres além dele.

A droga é sempre uma segunda ou terceira etapa. Antecipando o fumo ou a picada, quase sempre havia uma família vista como droga, uma escola tida como droga, amigos droga, religião encarada como droga, e uma pessoa reclamando da droga de disciplina.

O *marketing* exagerado fez e faz milhões de vítimas. Estas seguem a quem não deveriam seguir, compram o que não deveriam comprar, esperam o impossível.

O viciado pode até não estar cometendo pecado, mas o traficante dificilmente tem desculpa. Ele é cruel e demoníaco no que faz. É profundamente egoísta e não está nem aí para as consequências do seu ato, que se reveste de mentira do começo ao fim.

A liberdade do pássaro é linda, mas não é total.

Não somos livres, porque viver é a arte de conviver... E, para conviver, é preciso perder a liberdade de vez em quando para que o outro possa prosseguir.

Para ser feliz, tive de aprender a viver com as escolhas que não fiz. Não nasci livre, não cresci livre, mas tornei-me livre no dia em que descobri que o espaço de vida que me foi dado era suficientemente grande para eu não me sentir prisioneiro.

É a cabeça dos outros que estraga a liberdade de um povo. Se todos pensassem, haveria mais consenso do que o mau hábito de alguns pensarem e outros apenas fazerem sem pensar...

※

As amizades podem cair do céu, mas só se firmam com os pés na terra e com a cabeça voltada para Deus.

※

Somente o onipotente e o prepotente não se arrependem. O onipotente, porque não precisa; o prepotente, porque não quer, nem consegue.

※

Há qualquer coisa de anormal na pessoa que sabe que errou, mas não se arrepende.

※

Serve para religiosos e serve para políticos e funcionários do governo. "Foram todos chamados a servir seu povo!".

※

Para quem estava na direção do abismo, um passo atrás é um passo na direção da vida.

※

Um dia, talvez, o mundo respeite o homem que trabalha e produz e também o que está ferido e não pode mais produzir.

Aceitar as pessoas como são e começar a construir a partir do que são é a única maneira de ajudá-las a se tornar o que devem ser um dia.

Gostamos e desgostamos a nosso bel-prazer. E nem mesmo fazemos força para compreender as razões do outro.

Quem não sabe aceitar a limitação dos outros é mais limitado do que pensa.

O primeiro pecado do mundo foi o orgulho de querer ser deus e deusa, o segundo foi o de um culpar o outro e nenhum dos dois assumir o seu erro.

O assassino é outro tipo de Caim que brinca de Deus e decide que quem o incomoda deve morrer. E o mata porque se sente dono da vida do outro.

Em cada ladrãozinho prepotente que inferniza nossas vidas está um pouco de nossa indiferença, que nada fez pelas crianças que eles um dia foram...

A ganância de uns poucos poderá ser a ruína de povos inteiros. Se a máquina vencer, aumentará o crime. Um homem desempregado é um homem perigoso, pois a fome cega a razão.

Há uma profunda poesia no amor e há uma profunda poesia no sexo. Quem não descobre essa poesia não descobre a arte de mergulhar no infinito. Também nunca vai saber a diferença. Vai falar da coisa certa, mas do jeito errado...

O saldo do prazer sem limites é a solidão sem consolo.

Qualquer coisa no Ocidente nos levou a desprezar o que é velho em nome de uma falsa cultura, que acredita que só vale o que é novo.

Há pessoas cujo esquema de vida não penetra além da pele. Vivem para as coisas exteriores e nem sequer chegam a entender que seja possível viver internamente.

Em um mundo como o nosso, meditar sem ser alienado é um tremendo ato de rebeldia.

Um dos grandes males do capitalismo é a ganância do vendedor e a passividade do comprador.

Casal que precisa demais das mãos para namorar perde a chance de usar a inteligência e o coração! Sem eles, o namoro acaba em dominação.

Só dá certo um namoro em que, por mais defeitos que o outro tenha, um sabe o suficiente a respeito do outro para perdoar sempre, ouvir sempre e passar horas olhando nos olhos um do outro sem precisar sempre do corpo.

Quando o perdão não existe, não existe confiança. E também não existe carinho desinteressado, puro, sem cobrança.

A paixão é tão cega que, seja quem for o maior culpado, dificilmente a pessoa sedutora ou dominadora reconhece sua culpa.

Como na brincadeira de dominós, na sociedade de consumo acontece o mesmo: estamos tão interligados uns com os outros que basta um egoísta decidir ganhar mais para que a sociedade inteira venha a sofrer as consequências de sua ganância.

A única maneira de não prejudicar e não ter preconceito é dialogar. Quem não dialoga cataloga.

A fama é como sombra: quem a persegue nunca alcança; quem foge dela é por ela perseguido.

Procure alguém feliz. Vai encontrar uma pessoa que gosta de si mesma e também gosta dos outros...

O prazer que traz felicidade *aqui-agora* pode ser a causa da infelicidade de amanhã ou depois. Quem não pensa nisso confunde as coisas.

Nas alturas de um ideal, às vezes pendemos para a direita e para a esquerda. Mas pender demais para um desses lados acaba em desequilíbrio fatal.

O homem que tem mais do que precisa está tirando daquele que não tem o suficiente!

No fundo, somos prisioneiros da sociedade de consumo que construímos e na qual marginalizamos os pobres e as crianças...

O direito de ficar doente e mesmo assim ser tratado com respeito, sem humilhações, é o primeiro passo para uma sociedade mais sadia.

Quem busca a felicidade do momento a qualquer preço demonstra não saber o preço da felicidade.

A confiança é um vaso de porcelana: não quebra quando sabemos onde guardá-lo e de que jeito manuseá-lo.

A juventude, quando sadia, não é outra coisa senão essa idade em que a raça humana aprende a perguntar de novo aquilo que parecia respondido... E é graças a isso que o mundo não se desconjuntou...

Num mundo carregado de ódio, violência, incerteza e toneladas de bombas estocadas, a juventude parece sentir que não tem muito tempo pela frente. Por isso, alguns deles vivem de adrenalina, arriscam a vida e desafiam a morte. A impressão que passam é a de que esperam morrer antes dos pais.

Meninas e rapazes recém-saídos da adolescência estão entregando as veias, o estômago e os narizes para a droga, e os órgãos sexuais, para encontros sem compromisso. São milhões que perderam a arte e a graça de esperar e de se guardar para o futuro. Criamos uma sociedade imediatista. Então o que queremos que os jovens esperem?

O país deu à luz uma geração simpática e linda. Rapazes e moças que teriam tudo para ser felizes. Mas a competição por um lugar ao sol os têm tornado muitas vezes calculistas, indiferentes aos direitos dos outros, muito egoístas e sem muitos princípios religiosos, até porque a maioria das religiões não sabe o que fazer com os jovens que passaram dos 14 anos.

A maioria dos jovens brasileiros é pobre e carente de recursos, mas nem por isso carente de valores.

Aprendi que, por mais que se faça pelos jovens, nunca se faz o suficiente, porque eles são menos finitos do que parecem.

A sociedade está ensinando e divulgando a liberdade sexual, mas as consequências jamais aparecem nas revistinhas que campeiam pelas bancas... O resultado dos excessos dessa liberdade está nos hospitais, nos cemitérios e nas cadeias.

Precisamos buscar a bondade com a plena intenção de sermos bons com todos e em todas as circunstâncias, até mesmo na hora de punir e usar da justiça.

Quem é bom confia, mesmo sabendo que pode ser enganado, pela simples razão de que assumiu o compromisso de crer no ser humano.

Para ser bom, não bastam momentos de bondade. É preciso uma vida voltada para a ternura e para o perdão!

Há um universo em cada homem e em cada mulher. O encontro entre os dois aponta para o infinito, porque o amor é um infinito de possibilidades quando existe, quando cultivado.

O amor não pode viver sem cobranças. Mas é sensato. Só cobra o preço justo. Passou disso, já não é mais amor.

Pessoas meigas perdem, às vezes, a paciência, mas nunca o respeito por si mesmas e pelos outros...

Não gosto da palavra não. Agora, porém, eu a entendo melhor. E comecei a entendê-la no dia em que um amigo meu desobedeceu a um sinal de trânsito e morreu.

As pessoas só podem me amar do jeito que elas sabem e podem. Ninguém poderá me amar do jeito que eu quero ser amado. Todo mundo me ama menos do que eu desejo. Só Deus me ama além do que posso imaginar...

Há um tipo de enfermidade mental que consiste em não admitir que alguém nos ame. Desamor e loucura quase sempre se completam...

É impossível ser amado à força. Quem teima em ser amado por alguém que não o ama está louco. Nem Deus nos força a amá-lo. Ninguém é tão amável que tenha o direito de ser amado a qualquer preço.

Milhares de pessoas são medíocres ou até maldosas, porque um dia descobriram erradamente que a bondade não compensa. Não apostaram na bondade.

A bondade, para ser eficiente, deve ser ousada e prudente, severa sem ser cruel e liberal sem ser condescendente.

O que vem depois é que preocupa. Nem todas as formigas sabem o que fazer com o tamanho da sua folha...

Conhecer o próprio limite é a primeira condição de poder um dia superá-lo. Só posso erguer mais um andar na minha casa se souber o quanto seus alicerces e suas vigas são capazes de suportar.

Tábula rasa é o que se diz de quem canta de um jeito moderno, mas não diz coisa com coisa.

Precisamos buscar a bondade até mesmo na hora de punir e usar a justiça.

Não acredite em quem tem opinião sobre tudo e de tudo entende um pouco. Ele não é tão culto quanto parece. Se fosse, não daria sua opinião sobre tudo! É sabedoria não julgar quando não se tem dados suficientes.

Depois dos 60, a saúde depende do calcanhar e das pílulas... Levante-se e ande! Mesmo doente, ensaie alguns passos. Tenha por hábito levantar-se do sofá e ir à geladeira, buscar a sua água. Não deixe que a tragam. Se quiser viver um pouco mais, circule, para que seu sangue também circule.

Mexer-se faz parte da vida. Os ursinhos se movimentam, gatos se movimentam, cães se movimentam. O vento que balança as copas revitaliza as árvores. Você também! Por questão de compaixão, você deve levar o seu cão para passear. A saúde dele depende dessa movimentação. Não se imagine diferente! Se tem preguiça, deixe seu cão levá-lo ao parque... Abra a porta e vá atrás dele. Ele saberá o que fazer com aquelas patas. Aprenda com ele o que fazer com suas pernas...

Não confunda dormir pensando nos problemas e no trabalho com dormir meditando na vida. Uma coisa é ruminar alimento de difícil digestão e outra, bem diferente, é saborear o chá de camomila que levou para a sala. Meditar relaxa.

Acostume-se a levantar meditando; faça isso algumas vezes durante o dia, não mais que dois ou três minutos, mas faça-o. Experimente dormir meditando. Sua vida será muito mais plena.

Na estrada, faz parte da viagem obedecer aos sinais. Quando você não obedece, desrespeita a engenharia. Na vida, faz parte da ética obedecer aos sinais. Quem não obedece a eles desrespeita a sabedoria.

Nós, humanos, adoramos criticar e odiamos quem nos critica. Nos dois casos, extrapolamos...

Quem não se converte todos os dias corre o risco de não chegar ao fim do seu objetivo. Só permanece fiel quem se converte todos os dias.

Falar bem dos pobres não é o mesmo que ir lá e ajudá-los. Sem o verbo ir, o verbo falar perde a sua força!

Elogiar o que há de bom nos outros e até em quem nos contesta e combate é coisa para gente que amadureceu. O Brasil está cheio de políticos e pregadores verdes...

Aconteceu e acontece com muitos repórteres. Quando a fama lhes sobe à cabeça, eles passam a se ver acima das instituições e, em vez de reportar, passam a manipular a notícia. Preste atenção nos repórteres espalhafatosos de algumas emissoras. Eles não relatam: dramatizam. Já não sabem mais se são relatores, redatores ou atores.

Os historiadores pensam que entendem a história humana. Mas acabam mais repórteres do que analistas. Dadas as mesmas ou semelhantes circunstâncias, o comportamento dos povos e dos indivíduos pode ser totalmente diferente. As ondas do mar parecem repetir-se, mas não se repetem.

A maldade pode ser explicada, mas nunca justificada.

Não é preciso muito talento e habilidade para criticar ou destruir alguma coisa. Basta boa dose de burrice e dose maior de má vontade e inveja. Erguer um muro pode levar duas semanas. Pichá-lo leva menos de um minuto...

Quem é maior por fora do que por dentro precisa redimensionar-se.

Há um segredo escondido no ser humano, como o há na semente. Dentro de nossa casquinha, escondemos algo dez ou vinte mil vezes maior do que nós. Somos maiores por dentro do que por fora.

O limite faz parte da plenitude humana.

Somos seres falíveis. Nunca sabemos se a neutralidade não soará como indiferença, se métodos severos soarão como agressão e se métodos suaves soarão como fraqueza de caráter.

Uma coisa é saber mil detalhes sobre como fazer sexo; outra é estudar a sexualidade humana. Quando se trata de relação, entra outra pessoa. E quem não a respeita não entendeu a sexualidade humana.

Só é sério o homem que decidiu jamais parar de aprender.

Mede-se um homem não pelas muitas ideias que teve, mas pelos ideais que assumiu...

Saber viver é o jeito mais tranquilo para saber morrer. Ninguém escolheu nascer e ninguém escolhe não morrer. Então, como no caso do semáforo, a opção que resta é a de escolher as luzes certas: viver bem para morrer bem! Qualquer outra escolha é arriscada.

Dos seres vivos que habitam este planeta, o homem é certamente o que mais evoluiu, o que mais o transformou e o que mais marcou sua presença por toda parte. Mas é, também, o que mais o danificou! O progresso humano tem custado caro para a maioria das espécies vegetais e animais.

A ciência inteligente não despreza a fé inteligente, da mesma forma que a fé inteligente não despreza a ciência inteligente. Há coisas que os dois lados sabem, e há coisas que um percebe mais do que o outro.

É uma distorção intencional chamar o operário de trabalhador e o dono da fábrica de patrão. Os dois são trabalhadores. Um opera com seu talento de artesão e o outro patrocina emprego e salário, com seu talento de empreendedor. Por isso, um é operário (*opus*) e o outro é patrão (*patronus*). Um patrocina e o outro faz funcionar, mas ambos são trabalhadores. Por acaso o dono da loja não é trabalhador?

Em minhas atividades na Pastoral de Juventude, posso afirmar que chegaram perto de cem os casos de jovens que encaminhei para tratamento por causa das drogas. Cinco morreram de *overdose*, grande número deles se recuperou e infelizmente grande número deles, ao saber da disciplina que se exige do dependente, fugiram do tratamento. Tornei a procurar e a oferecer ajuda. Não quiseram. Fiz então a única coisa que dá certo quando a pessoa não quer largar o vício. Orei e arranjei madrinhas de oração. Com alguns, nem isso deu certo, mas, para muitos, houve um momento em que se sentiram tocados e de repente quiseram ajuda. Eu digo que foi fruto da terapia da oração e de corações bem mais humildes do que o meu.

Preste atenção no sujeito que não consegue elogiar um concorrente. Ele não entendeu o que faz e muito menos o que os outros fazem. Se um trilho não consegue concorrer com o outro sobre os mesmos dormentes, não há estrada de ferro. E, se um afastasse o outro, o próximo trem sofreria descarrilamento.

Pouquíssimos de nós são de fato pessoas humildes. Nos templos e na mídia, há um grande número de pregadores que pratica a humildade do "mirem-se na minha experiência…".

Sem humildade, até a verdade que porventura tivermos descoberto não fará nenhum sentido.

Humildade é virtude difícil de viver. Quem acha que a tem já começou achando errado!

Entre o cego que começa a ver, o surdo que começa a ouvir e o sujeito mau que começa a perdoar e amar, qual foi o maior milagre?

CULTIVE SUAS FLORES

Estamos assistindo ao *emburrecimento* de toda uma geração. Os jovens estão cada dia ouvindo mais e sabendo menos sobre humanidade. Sabem muito sobre técnica e ciência. Quase nada sobre o ser humano e sobre os povos.

A melhor maneira de robotizar um homem é programá-lo. E é isso o que a maioria dos povos está permitindo que se faça com suas crianças e seus jovens. O instrumento são os veículos de comunicação nas mãos de hábeis profissionais do vazio! A eles não interessa educar!

Pais que se interessam pelos filhos acabam se tornando interessantes para eles. O ser humano é feito de reciprocidade. A fé segue o mesmo ritmo.

O educador precisa distinguir claramente entre culpa e complexo de culpa.

Um homem que sabe pouco é muito mais controlável e manipulável do que um homem que sabe muito. Além disso, um homem que sabe muito e tem meios de falar aos demais pode se multiplicar em multidões e criar embaraços terríveis para quem não quer mudar ou não pode mudar de regime, de economia ou de aliança. É por isso que os totalitários se apressam em silenciá-lo.

A delinquência no Brasil está ligada à displicência ou incompetência dos adultos; às vezes, à falta de sensibilidade de pais de família que nada dão porque estão sem troco...

Enquanto o menor não for a prioridade das prioridades do Brasil, qualquer economia que não lhes abra uma chance é perdulária.

O problema do menor abandonado é o adulto que o abandonou.

Peste atenção nos jovens que estudam e passam o dia ocupados entre o trabalho e a escola. Observe a diferença entre eles e os desocupados da mesma idade. Tudo nos que trabalham e estudam aponta para um edifício em construção. Nos outros tudo lembra um prédio inacabado. Armaram o esqueleto, mas faltou alguma coisa a quem os construía; ou acabou o material, ou vetaram o projeto!

Existem relações conjugais, extraconjugais e ex-conjugais. As conjugais e ex-conjugais precisam ser analisadas e levadas a bom termo. As extraconjugais precisam ser banidas. São as que mais ferem a família.

Educar filhos hoje é muito mais do que prepará-los para se defender. É, também, educar para não se atacarem.

Que a família serena, amorosa e sadia volte a ser o objetivo número 1 de todos os povos e de todas as igrejas.

Em um país onde tantas crianças nascem e crescem sem lar, é necessário pensar mais nos pais adotivos. O governo e as igrejas precisam educar os pais para se fazerem adotivos antes que adotem.

Nosso país tem genitores demais e pais de menos: gerar crianças é fácil e tem sido facilitado no Brasil. É só ver o conteúdo dos meios de comunicação social. Educá-las e recuperar a família por causa delas é o que tem deixado a desejar.

Quando jovens criticam ou desprezam a família que conhecem, não estão negando a importância do amor e da família; estão buscando, sem admitir, um modelo melhor de família. Não é a família em si que os jovens criticam: é a sua caricatura.

Não resta dúvida alguma de que a família deixa marcas na pessoa. Não determina uma vida, mas deixa registrada a sua marca por toda a existência.

A família é uma estufa onde seres delicados ganham forma e força para se tornarem rijos e corajosos.

Uma das dores mais doloridas da juventude moderna é a própria família: lares desfeitos, lares em conflito permanente, mães e pais insatisfeitos, gente egoísta, cada um pensando em si e ninguém amando ninguém.

Os lares abrigam pessoas que, além de sangue, se ligam por laços de afeto puro, bonito e sincero. Só o sangue não dá bom laço!

Família sem ontem é família sem referência. Não cale a voz dos velhinhos; eles têm histórias para contar. Família sem hoje é família sem perspectiva de amanhã. Não cale as crianças. Apenas ensine-as a moderar seus gritos...

No fundo, ter um filho é fazer um ato de fé no futuro.

Que primeiro venha o trabalho, depois o seu fruto. Que ninguém sofra a vergonha do desemprego. Nenhum governo ignore a família e, se ignorar, seja deposto pelo voto...

Derrote seus pais e lhes cale a boca, ganhe sempre e você será um filho vencedor e um ser humano perdedor. Ganha em casa, mas perde na vida. E não será nunca um ser humano bom e feliz.

Quem é gentil com os estranhos, mas não é gentil com os familiares, não sabe o que é ter família. Se existe alguém que precisa ser conquistado todos os dias, é a própria família.

O adultério é um modo cruel de dizer: "Você não é suficiente para mim." É a coisificação da pessoa e do cônjuge.

Morar junto é uma coisa; conviver é outra. Só há família quando há convivência.

Não acredite no homem que diz que já sabe tudo sobre sua mulher. Ele provavelmente não sabe nada sobre si mesmo...

Todo encontro sexual supõe a busca da alma do parceiro. Se não houver essa intenção, não será encontro sexual, e sim confronto genital...

Uma das piores agressões de pais contra os filhos é a infidelidade matrimonial. Atinge a raiz, o tronco, as folhas e os frutos da árvore...

Casar cedo demais é perigoso. Quando não se sabe ainda a direção do coração, é melhor não arriscar a viagem...

Uma sociedade que faz mais propaganda da separação e do divórcio do que da felicidade e da unidade e que, de cada dez casais de novela, põe nove em situação de crise e conflito não pode entender a cumplicidade cristã do casamento.

Ninguém casa para anular o outro. Casa para somar e melhorar o mundo espiritual, social e moral do outro.

O casal em crise precisa de amigos e filhos honestos que não façam a vítima mais vítima do que é, nem o culpado mais culpado do que parece ser.

O casamento quase perfeito é a união de duas liberdades. Felizes os casais que, na dor, pensam mais no outro do que em si mesmo.

Quando o sentimento é forte e bonito, qualquer sacrifício vale a pena, inclusive o de ter de aceitar limites.

Família que reza melhora!

É uma espécie de loucura insistir em ter alguém só para nós quando esse alguém não quer ser só nosso. Amar à força não é amar.

Que ninguém case por qualquer *de repente*. O amor é bonito demais para ser um eterno improviso.

Há um universo em cada homem e mulher que passa por este mundo. O encontro entre os dois aponta para o infinito, porque o amor é um infinito de possibilidades quando existe e quando é cultivado.

Ama-se de corpo e de mente, porque, sem corpo, não há matrimônio! Mas só de corpo também não há. Matrimônios de verdade costumam conter mais do que libido e desejo carnal. Contêm cumplicidade espiritual.

Quem não admite perder um pouco, renunciar muitas vezes, perdoar e reavaliar outras tantas não está pronto para casar.

QUESTIONE E ACEITE SER QUESTIONADO

Não basta ficar indignado. É preciso digitar, falar, fazer pensar. Porque um país que não pensa, acaba dando o que pensar...

Os inocentes terão chance de provar que fizeram política limpa. Mas é bom que o povo cobre caro de quem lhe custa caro.

Polis todo mundo sabe o que é. É mais do que cidade. É um conjunto de vivências e convivências. Administrar tudo isso é política. Supõe diálogo.

Às vezes, penso que o mundo não passa de um gigantesco xadrez jogado pelas superpotências, que eliminam milhares de peões para poder manejar à vontade os reis e as rainhas.

Ninguém é obrigado a fazer política partidária, mas somos todos obrigados a limpar e a desassorear o rio da política...

A meu ver, a música católica tem amadurecido. Mas precisamos dialogar, elogiar e, se preciso, corrigir um ao outro. Não há cantores perfeitos.

Leiam as profecias de Amós e de Oseias sete séculos antes de Cristo. O país Israel daqueles dias é um alerta para o Brasil de agora!

Crer vem de *credere*: dar o coração. Quem guarda ciosamente seu coração e não o empresta ao mundo colecionou e amontoou, mas não se expôs.

Milhões esperam e milhões se desesperam. Milhões amam e milhões odeiam. Milhões perdoam e milhões não perdoam. A fé pode fazer a diferença.

Aquelas três senhoras que viram os jovens se manifestando nas ruas e ofereceram água para eles pensaram no Brasil com dores de parto.

O coração solidário, por mais que sofra injustiças, não vai embora da sua missão, porque deu sua palavra firme de que viveria pelos outros.

Eu não me incomodo com quem questiona Deus. Tenho oito livros de ateus à mesa. Aprendo com eles. Mas política sem ética me incomoda.

Talvez o megacorrupto seja um caso de polícia e de psiquiatra. Ninguém normal roubaria tanto. É o *"meu é meu e o teu é meu também"* levado ao paroxismo.

Tenho me perguntado se a epidemia de corrupção no Brasil não é fruto da falta de catequese social.

Nas campanhas políticas, dois candidatos maquiavélicos disputam a honra de saber quem mente mais e quem cola mais vilanias uma no outro. No fim, vence um, mas nenhum dos dois tem caráter. Candidato que aceita que seus *marketeiros* digam aquelas barbaridades sobre o outro partido e o outro candidato deveria ser expulso de campo!

Em um mundo multipolarizado, talvez seja mais fácil tomar partido do que unir os contrários; é mais difícil ser moderado do que radical.

Quando um partido aparelha o Estado e põe seus membros em postos-chave, já não se pode mais falar em democracia. Bobo é quem não votou pela alternância!

A cidadania está voltando. Aos poucos, estamos mudando o quadro. Mas, se escutarmos de novo o canto da sereia dos grandes promesseiros e faladores, perderemos tudo o que foi conquistado...

———◦◦◦———

Se os comunicadores não usam a arma da palavra em favor do povo, e o povo não usa a arma do voto contra os maus políticos que visivelmente enriquecem em pouquíssimos anos, vence o safado e perdem os omissos.

———◦◦◦———

Se uma cidade com especialistas craques em sociologia, psicologia e outros doutorados não sabe o que fazer pelos seus meninos consumidores de *crack*, deve ser porque o traficante é mais esperto do que todos eles juntos!

———◦◦◦———

A política é uma arte nobilíssima. É, sem dúvida, a mais perfeita maneira de educar um povo dentro da liberdade, da convivência, da unidade na pluralidade e dentro da moralidade. É nobilíssima, porém difícil, por causa dos indivíduos desqualificados que se apossam dela.

———◦◦◦———

A política do Reino de Deus prega direitos humanos, justiça social, respeito e diálogo, anúncio e denúncia sem ódio, mas também sem medo.

Quem luta por uma passarela diante de uma escola onde morreram três alunos, mesmo sem rezar o Pai-Nosso, está exercendo espiritualidade.

Quero de volta o país dos meus sonhos onde se lia ordem e progresso na bandeira. Com os bilhões desviados e os pequenos roubos, não há ordem.

Queremos políticos que saibam debater e defender suas ideias diante do governo. Por isso, quero saber quem votou e no que votou em Brasília.

Os políticos e os marqueteiros exageraram na adulação. Quase não temos mais oposição. O Brasil criticou-se pouco e elogiou-se demais.

Parece que há novos elementos nesse jogo de xadrez que os sindicatos, os partidos e os políticos que davam as cartas não previram. Falaram bonito e fizeram feio!

O nazismo, o fascismo, o capitalismo, o comunismo e algumas igrejas abusaram do *marketing*. Prometeram demais. A conta está vindo com juros.

Nos últimos dez anos, houve sensível profissionalização da música católica. Continuo achando que ainda falta cantar o social e a dor do povo. Em relação a isso, os cantores jovens estão em dívida com a Igreja. Os novos cantores cantam 98% o louvor e 2% a dor. Façam as contas somando as canções dos manuais de canto católico! Acho que tenho o direito de falar. Faz 45 anos que a canção católica está doendo em mim!

Fico feliz por ver que outros pregadores despontam. Espero que depois de 45 anos sejam tão felizes quanto eu.

Não me adiantaria escrever ou cantar de um jeito moderno e envolvente se não dissesse coisas profundas. Arranjo novo na canção não basta.

Novo ou conservador não é o mesmo que profundo e diferente, e não é o mesmo que inteligente. O avançado ou conservador pode ser assustadoramente superficial.

Não quero que o governo fracasse nem que a oposição trema nas bases. Tampouco que a imprensa se cale. Quero diálogo. Minha Igreja pode contribuir.

Foi muito mais difícil para Mozart do que para qualquer músico da nova era eletrônica compor aquelas obras. Não havia gravadores. Trabalhava-se apenas com a imaginação. Seu gênio teve de inventar os recursos.

Tempos atrás, fui acometido de violenta gripe, com pneumonia, tonturas e complicações agudas, daquelas que nos deixam de cama, sem dó nem piedade. Tive de cancelar, por ordem médica, os cinco *shows* marcados para aqueles próximos sete dias. Acreditem ou não, duas comunidades cancelaram sem problemas, uma aceitou e meus cantores me representaram, mas duas outras exigiram, por fax, um atestado médico. Mostraram-se dispostos a crer mais num médico que nunca ouviram do que no padre que há 45 anos fazia *shows* em benefício de obras sociais e que jamais fugira de uma pregação. Leram meus artigos e livros e cantam meus cantos na missa, mas foram capazes de crer que eu não quis ir, já que outros cantores também fazem isso. Fiquei triste. Depois pensei em Jesus e em Paulo. Se duvidaram deles, por que não duvidariam de mim?

Era todo sorrisos e elogios. Queria porque queria que eu cantasse e gravasse uma canção que escrevera. Li o texto. Fraquíssimo, tinha pelo menos uns 30 erros de português. A melodia também era muito fraca. Pediu que eu lhe desse uma chance. Gentilmente, pedi desculpas dizendo que não o faria porque não era meu tipo de melodia e letra. Aí, ele abruptamente mudou a cara e disse: "Só porque é famoso e tem sucesso, não precisa me humilhar. Eu já sabia que você era orgulhoso". Tudo o que eu dissera é que não era meu estilo e nem meu tipo de melodia e letra. Fazer o que quando alguém quer sucesso a qualquer preço?

Muita gente não sabe, mas a fama é como o sol depois das onze. É melhor se proteger com fator 30, porque areia, sol e mar tostam a pele. Autoexposição demasiada nos palcos tosta a alma.

Para se lançar cantor, o moço gastou 250 mil reais contratando maestro, banda e alugando o salão mais badalado da capital. Vendeu a casa que ganhara de herança do pai. Torrou tudo numa noite, porque não repercutiu. A crítica foi impiedosa. A esposa cansou e foi embora com o filho. Ele culpou a família por falta de apoio. Ele voltou a dirigir caminhão. Correra atrás da fama, e a fama não se deixou alcançar.

Tenho dito aos meus alunos que o *marketing* moderno acentua o visual, o impactante e o superficial e esquece a substância. Seria como oferecer a laranja da qual se tirou o suco. Laranja se serve com o suco. Música se serve com conteúdo bíblico-catequético e com doutrina.

Preste atenção na queda dos ditadores. Que venham democracias, e não novas ditaduras...

Neste país temos de tudo, mas o sentimento é o de que nos falta tudo. A riqueza do Brasil, há séculos, nos escorre pelo leito dos impostos.

CONCLUSÃO

Pensar é uma arte e é uma obrigação, sobretudo para pais e educadores. Mais ainda, para quem pretende liderar multidões.

Crie espaço em seu dia a dia para pensar. Influencie sua família e seus amigos e os leve a refletir como indivíduos e como parte de um grupo, que é nossa comunidade.

Provavelmente sua vida ganhará maior conteúdo e riqueza.

Continue acompanhando minhas reflexões pelo Twitter (@padrezezinhoscj) e pelas mensagens do Facebook.

Leia também:

Pe. Zezinho, SCJ

REFLEXÕES AO LONGO DE UMA FÉ

Sobre as angústias e as alegrias do ser humano